「ビジネスの常識」が一冊でわかる本
これだけは押さえておきたい基礎知識&学習術

Tsutomu Uchiyama
内山 力

PHP
Business Shinsho

PHPビジネス新書

はじめに

「私は入社以来営業一筋で他のことはわかりませんが、今の案は営業の立場から考えると……」

私が出席していたある企業の会議で、「常務執行役員営業本部長」という肩書きを持った人の発言です。

発言の前置きは「私は営業以外の"常識"を持っていない」ということを宣言しているのでしょう。ですが仮にも常務執行役員という"経営者の末席"に名を連ねる人です。

この時私が感じたのは……。

「どうして営業しか知らない人を常務執行役員にしたんだろう。きっとセールスはうまいんだろうけど、これが経営者とは……」

「人生経験は深いんだろうけど、ビジネスの常識がなさすぎる。だから経営者になっても『がんばれ』という精神論しか言えないんだろうなあ」

日本企業は何も知らない、何もできない新卒の学生を採用し、仕事をやらせることで特定職種のプロに育ててきました。そのため多くのビジネスマンが持っている知識は実践的ではあるのですが、体系化されておらず、その範囲も担当している仕事に限られています。だから上の常務執行役員のように、経営者に昇りつめてもビジネスマンとしての常識を持っていません。

TOB、持株会社、CSR、キャッシュフロー、限界利益、CRM、RFID、ゼロサムゲーム、PPM、ERP。

この10個の言葉のうち、知っているものはいくつありますか？
「全部知っていて、かつ言葉の意味を人に説明できる」というなら"超常識人"です。
「全部聞いたことはあるが、言葉の意味を正確に説明できるのは半分くらい」というなら常識人です。
「半分くらいは聞いたことはあるが、人には説明できない。残り半分は聞いたこともない」あたりが平均的ビジネスマンではないでしょうか。
　これらの用語はすべてビジネスの常識です。
　常識は「知っていてあたり前」ですから、知らないと恥ずかしいだけでなく、仕事の能力さえも疑われます。

　ここまで書けば「常識くらいは身につけよう」という気持ちになったと思います。常識というくらいなので、そんなに深いもののわけはなく、短期間で身につくはずです。
　しかし常識を身につけようと思うと、大きな問題があります。
　ビジネスに関する常識は会社、経営、組織、会計、ファイナンス、マーケティング、流通、生産、IT、経済、法律……など幅広い分野にわたっているため、どこから手をつけてよいかわかりません。
　それでもがんばって「××入門」、「○○がすぐわかる」といった入門書を何冊か読んでみるのですが、なかなか常識は身につきません。それぞれ書いている人が違うので、その常識が体系化されていないだけでなく、常識の中核となるキーワードが微妙に違うニュアンスで使われています。だから読めば読むほど混乱します。

本書はこれらの悩みを一気に解決するためのものです。"常識の範囲"を本書1冊に絞りました。そして常識をスピーディかつ体系的に獲得できるように、その中身だけでなく、「学習術」という名で「常識の身につけ方」も書いています。

　たった200ページちょっとの本書を読めば、あっという間に常識が身につきます。そしてこれを身につければ、あなたはまわりからこう言われます。

　「あなたって本当に色々なことを知っていますね」

　このほめ言葉こそが、これからのビジネスをリードしていく人の理想の姿でしょう。

　本書は企画から編集に至るまでPHPエディターズ・グループ田谷裕章氏、PHP研究所ビジネス出版部吉村健太郎氏にさまざまなアドバイス、支援をいただきました。ここに深く感謝の意を表したいと思います。

2010年3月

内山　力

「ビジネスの常識」が一冊でわかる本・目次

はじめに ——————————————— 3
本書の使い方 ——————————————— 12

第1章 ヒトに関する常識

学習術その1
会社の仕組は「システムで考える」
- 01 会社を定義する ——————————————— 16
- 02 株式会社の仕組 ——————————————— 18
- 03 会社というシステム ——————————————— 20
- 04 会社の死 ——————————————— 22

学習術その2
外との関係は
「コーポレートガバナンスの変化で考える」
- 05 株の上場 ——————————————— 24
- 06 株取引のルール ——————————————— 26
- 07 日本的株式会社 ——————————————— 28
- 08 アメリカ的株式会社 ——————————————— 30
- 09 会社と会社が手を握る ——————————————— 32
- 10 持株会社は再編と統合 ——————————————— 34
- 11 会社と社会の関係 ——————————————— 36

学習術その3
タテの関係は「マネジメントをサービスと考える」
- 12 階層の4つの意味 ——————————————— 38
- 13 PDSと権限委譲 ——————————————— 40
- 14 マネジメントのためのルール ——————————————— 42

学習術その4
ヨコの関係は「人間関係を考える」
15 組織構造のパターン —————————— 44
16 職場の人間関係 ———————————— 46
17 働くスタイル —————————————— 48

常識トレーニングその1
新聞にコメントしよう
—————————————————————— 50

第2章 カネに関する常識

学習術その1
カネの世界は言葉の定義をはっきりさせる
01 会計と財務の違い ———————————— 52
02 会計のパターン ————————————— 54
03 B/S、P/Lは集計表 ———————————— 56

学習術その2
B/Sは純資産が計算値とわかればOK
04 資産はカネになりやすさを見る ————————— 58
05 負債はカネの集め方を見る —————————— 60
06 純資産は財産と借金の差 —————————— 62
07 株主から集めるカネ ———————————— 64

学習術その3
P/Lはいつ計上するかがポイント
08 売上を立てるタイミング ——————————— 66
09 棚卸は利益計算 ————————————— 68
10 本業の利益と普通の利益 —————————— 70

学習術その4
キャッシュフローがわかれば企業価値がわかる
11 仕訳という不思議なルール —————————— 72

- 12 簿記はbook-keeping ────── 74
- 13 減価償却は費用を使う期間に分ける ────── 76
- 14 減価償却は入ってくるカネ ────── 78
- 15 キャッシュフローで経営を考える ────── 80
- 16 今のカネと将来のカネ ────── 82
- 17 株価を企業の価値で考える ────── 84

常識トレーニングその2
業績のコメントに反論しよう ────── 86

第3章 モノに関する常識

学習術その1
マーケットの立ち上がり時は生産性と品質がテーマ
- 01 マーケットの変化をとらえる ────── 88
- 02 同期化して生産性を上げる ────── 90
- 03 品質は数字 ────── 92
- 04 品質管理は「測る」こと ────── 94

学習術その2
競争マーケティングの用語はビジネスでよく使われる
- 05 ゲームと戦争をマーケティングに ────── 96
- 06 競争マーケティングの原点 ────── 98
- 07 成長ベクトルを考える ────── 100
- 08 マーケティングの4P ────── 102
- 09 プロモーションのパターン ────── 104
- 10 ポートフォリオを考える ────── 106
- 11 成功シーンをイメージする ────── 108

学習術その3
流通は何が変化しているかを知る
- 12 日本的流通構造の崩壊 ────── 110

13 店舗でのマーケティング ―――――――――――――― 112
　　14 カンバンとロジスティックス ―――――――――――― 114
　　15 在庫を減らす ――――――――――――――――――― 116

学習術 その4
現代マーケティングはアライアンスとカスタマー
　　16 サプライチェーンを作る ―――――――――――――― 118
　　17 エリアのパイ ――――――――――――――――――― 120
　　18 ロイヤルカスタマーを大切にする ――――――――― 122

常識トレーニング その3
会社の戦略にコメントしよう ――――――――――――――― 124

第4章 情報に関する常識

学習術 その1
ITのキャッチコピーはベンダーからの提案
　　01 ITが生んだレガシー ――――――――――――――― 126
　　02 レガシーを捨てる ―――――――――――――――― 128
　　03 ITを売る会社 ―――――――――――――――――― 130
　　04 ITキャッチコピー ―――――――――――――――― 132

学習術 その2
データと情報の違いを理解する
　　05 データを情報に ――――――――――――――――― 134
　　06 仕事に使える情報 ―――――――――――――――― 136
　　07 データ加工のコツ ―――――――――――――――― 138
　　08 ITで予測する ―――――――――――――――――― 140
　　09 アナログからデジタルへ ――――――――――――― 142

学習術 その3
なぜインターネットは生まれたのか
　　10 インターネットの誕生 ――――――――――――――― 144

11 インターネットの技術 ───────── 146
　12 インターネットでビジネスをする ───── 148
　13 セキュリティを考える ───────── 150

学習術 その4
法律は「何が決まっているか」を知る
　14 法律の世界 ─────────── 152
　15 インターネットに関する法律 ─────── 154
　16 消費者と環境を守る法律 ───────── 156
　17 標準化とISO ─────────── 158
　18 知的財産に関する法律 ───────── 160

常識トレーニング その4
自社の情報システムに意見を言おう ─────── 162

第5章 知識のクロスオーバー

クロスオーバー その1
ヒトとカネの関係
　01 給与の仕組 ─────────── 164
　02 給与が変わる ────────── 166
　03 所得としての給与 ──────── 168
　04 予算で企業をシステム化する ──── 170

クロスオーバー その2
ヒトとモノの関係
　05 セールスをモデル化する ────── 172
　06 リスクは消えない ──────── 174

クロスオーバー その3
ヒトと情報の関係
　07 人事評価は価値算定 ─────── 176
　08 コミュニケーションは非同期へ ──── 178

09 ITリテラシーの逆転 ——————————— 180
10 情報システム部と情報システム委員会 ——— 182

クロスオーバーその4
カネとモノの関係
11 経済学者 ——————————————— 184
12 経済学のキーワード ————————————— 186
13 景気という波 ——————————————— 188

クロスオーバーその5
カネと情報の関係
14 シミュレーションの代表「CVP分析」————— 190
15 情報の価値を算定する ——————————— 192

クロスオーバーその6
モノと情報の関係
16 モノを作るためのIT ———————————— 194
17 モノを買うためのIT ———————————— 196
18 モノを売るためのIT ———————————— 198

索引 ——————————————————————— 200

本書の使い方

■ 常識の領域と分類

　本書はビジネスの常識を大きくヒト、カネ、モノ、情報という4つの分野に分けています。この4つは経営資源とよばれるもので、要するにビジネスの4要素です。

　各章は次のようなビジネスに関するテーマを整理、体系化しています。

第1章　ヒトに関する常識
　　――会社論、経営戦略、組織、人間関係論
第2章　カネに関する常識
　　――会計、ファイナンス、キャッシュフロー、企業価値
第3章　モノに関する常識
　　――マーケティング、生産、流通
第4章　情報に関する常識
　　――IT、情報システム、法律

　さらにこの4分野をクロスさせた常識を第5章（知識のクロスオーバー）にまとめています。ヒトとカネ、ヒトとモノ、ヒトと情報、カネとモノ、カネと情報、モノと情報の6つです。

■ 用語の定義

　本書は常識と思われる用語について、1つ1つきちんと定義することを目指しています。しかし残念ながら用語によっては狭義、広義と複数あったり、使う人、使う仕事、定義した学者によって、その定義が違っているものもあり

ます。ひどい用語は複数の法律で違う定義をしているものもあります。

　本書は辞書ではありません。用語を定義する目的は、それをビジネスに使い、まわりの人とコミュニケーションを取ることにあります。本書に書かれている用語の定義は「ビジネスでごく一般的に使われていること」と、「わかりやすさ＝まわりへの伝わりやすさ」という2つの基準を大切にしています。

■ 章の構成

　本書の中身は構造化されています。各章は4単元（第5章　知識のクロスオーバーのみ前記の6単元）に分かれています。各単元は2～7ユニットから成り、1ユニットは見開き2ページとなっています。このユニット単位に、順に学習を進めていくことが基本です。

　章扉には章全体の学習ベクトル、および各単元の学習術（学習するコツ）が書かれています。

　各ユニットの先頭には「学習のポイント」があり、そのユニットの読み方や"まとめ"が書いてあります。

　第1～4章の最後には「常識トレーニング」という1ページのコラムがあります。学んだ常識を自分のものとするには、日常のビジネスで使ってみることです。その基本は「まわりの人へ、自分の意見を口に出して言うこと」です。ここには本書の常識を使った「意見のサンプル」が書いてあります。

　また巻末にはキーワード索引が付いています。本書を読んだ後、何かの時に使いたいキーワード、ど忘れしたキーワードがあったら、ここから本書の該当ユニットにアクセスしてください。

— 章全体の学習の方向

— このユニットを読むうえでの前提、注意事項、読み方、考え方、まとめが書いてある。まずここをしっかり読んで大枠を理解する

単元

章扉

各ユニット

— 各単元の学習のコツ

章末　　**巻末**

↑ 何かの時に

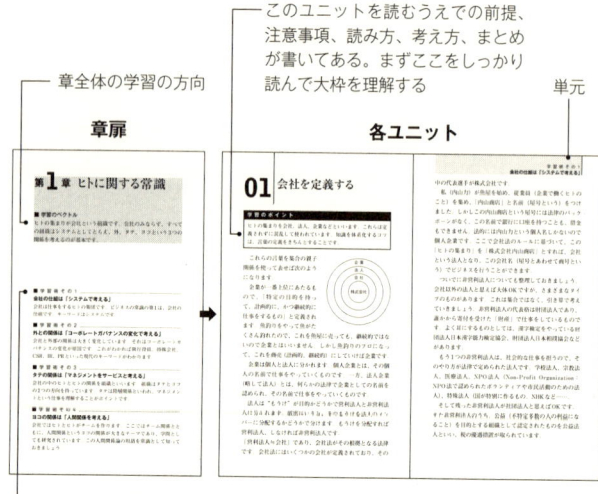

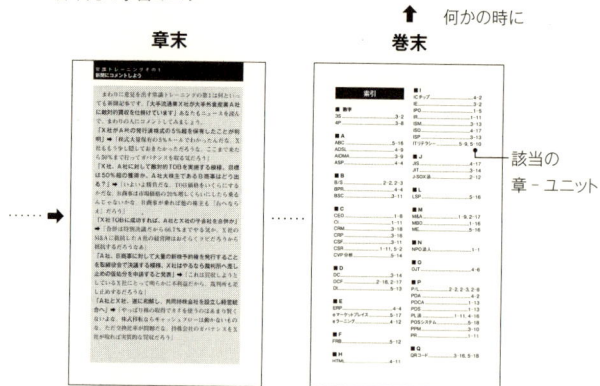

該当の章−ユニット

さあ、常識の扉を開いてください。

第1章 ヒトに関する常識

■ 学習のベクトル
ヒトの集まりが会社という組織です。会社のみならず、すべての組織はシステムとしてとらえ、外、タテ、ヨコという3つの関係を考えるのが基本です。

■ 学 習 術 そ の 1
会社の仕組は「システムで考える」
会社は仕事をするヒトの集団です。ビジネスの常識の第1は、会社の仕組です。キーワードはシステムです。

■ 学 習 術 そ の 2
外との関係は「コーポレートガバナンスの変化で考える」
会社と外部の関係は大きく変化しています。それはコーポレートガバナンスの変化が原因です。これがわかれば執行役員、持株会社、CSR、IR、PRといった現代のキーワードがわかります。

■ 学 習 術 そ の 3
タテの関係は「マネジメントをサービスと考える」
会社の中のヒトとヒトの関係を組織といいます。組織はタテとヨコの2つの方向を持っています。タテは階層関係といわれ、マネジメントという仕事を理解することがポイントです。

■ 学 習 術 そ の 4
ヨコの関係は「人間関係を考える」
会社ではヒトとヒトがチームを作ります。ここではチーム関係とともに、人間関係というヨコの関係が大きなテーマであり、学問としても研究されています。この人間関係論の用語を常識として知っておきましょう。

01 会社を定義する

学習のポイント

ヒトの集まりを会社、法人、企業などといいます。これらは定義されずに混乱して使われています。知識を体系化するコツは、言葉の定義をきちんとすることです。

これらの言葉を集合の親子関係を使って表せば次のようになります。

企業が一番上位にあたるもので、「特定の目的を持って、計画的に、かつ継続的に仕事をするもの」と定義されます。魚釣りをやって魚がたくさん釣れたので、これを魚屋に売っても、継続的ではないので企業とはいいません。しかし魚釣りのプロになって、これを商売（計画的、継続的）にしていけば企業です。

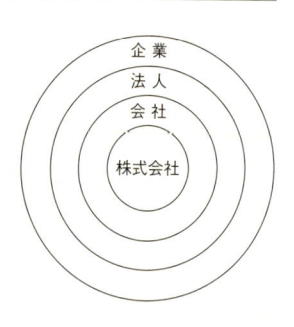

企業は個人と法人に分かれます。個人企業とは、その個人の名前で仕事をやっていくものです。一方、法人企業（略して法人）とは、何らかの法律で企業としての名前を認められ、その名前で仕事をやっていくものです。

法人は"もうけ"が目的かどうかで営利法人と非営利法人に分かれます。厳密にいうと、そのもうけを法人のメンバーに分配するかどうかで分けます。もうけを分配すれば営利法人、しなければ非営利法人です。

「営利法人≒会社」であり、会社法がその根拠となる法律です。会社法にはいくつかの会社が定義されており、その

学習術その1
会社の仕組は「システムで考える」

中の代表選手が株式会社です。

私（内山力）が魚屋を始め、従業員（企業で働くヒトのこと）を集め、「内山商店」と名前（屋号という）をつけました。しかしこの内山商店という屋号には法律のバックボーンがなく、この名前で銀行に口座を持つことも、借金もできません。法的には内山力という個人名しかないので個人企業です。ここで会社法のルールに基づいて、この「ヒトの集まり」を「株式会社内山商店」とすれば、会社という法人となり、この会社名（屋号とあわせて商号という）でビジネスを行うことができます。

ついでに非営利法人についても整理しておきましょう。会社以外の法人と思えば大体OKですが、さまざまなタイプのものがあります。これは集合ではなく、引き算で考えていきましょう。非営利法人の代表格は財団法人であり、誰かから寄付を受けた「財産」で仕事をしているものです。よく耳にするものとしては、漢字検定をやっている財団法人日本漢字能力検定協会、財団法人日本相撲協会などがあります。

もう1つの非営利法人は、社会的な仕事を担うので、そのやり方が法律で定められた法人です。学校法人、宗教法人、医療法人、NPO法人（Non-Profit Organization：NPO法で認められたボランティアや市民活動のための法人）、特殊法人（国が特別に作るもの。NHKなど）……。

そして残った非営利法人が社団法人と思えばOKです。また非営利法人のうち、公益（不特定多数の人の利益になること）を目的とする組織として認定されたものを公益法人といい、税の優遇措置が取られています。

02 株式会社の仕組

学習のポイント

多くのビジネスマンは株式会社に勤めながら「株式会社の仕組」を理解していません。それはこれまでの日本の株式会社が法律どおりに運営されていないからです。
これを外国から指摘され、2つのことがなされています。1つは実体を法律に合わせる努力であり、コンプライアンス（法律などの社会的ルールを守ること）とよばれます。もう1つは法律を実体に合わせて変えていくことです。
まずは株式会社の基本的なルールを理解しましょう。

出資者が資金を出すと株式会社（以降「会社」と表現する）が誕生します。この出資金を資本金といいます。出資された資本金は会社から見ると元手であり、借金とは異なり会社が存在している限り「返さなくてよいカネ」です。

ここで出資者が何の見返りも期待しないと、出資ではなく寄付といいます。このタイプが17ページの財団法人です。

出資者は出資した見返りに、さまざまな権利を得ることができます。この権利の大きさは、出資した金額に比例させるべきなので「出資1口あたり」という考え方が必要となります。この1口の権利を「株」（株式ともいう）といいます。出資者は株を持っているので株主、株主が集まって何かを決めるところを株主総会といいます。

株主の主な権利は次の4つです。

1 経営者を選ぶ 株主は経営者（取締役という）を選びます。この「経営者を選ぶ権利や仕組」のことをコーポレ

学 習 術 そ の 1
会社の仕組は「システムで考える」

ートガナバンスといいます。取締役は基本的には3名以上選ばれ、取締役会を形成して、そこで色々なことを決めます。取締役会ではその中から"対外的な顔として"、代表取締役（1人以上何人でもよい）を選び、彼が印を押せば「会社の決定」とみなすようにします。さらに株主は取締役のお目付け役として監査役を選びます。取締役と監査役をあわせて役員ということもあります。

2 配当をもらう 会社のもうけ（利益という）の一部を配当として受け取ることができます。これが16ページの「もうけの分配」という意味です。利益がなくては配当がもらえないので、株主は利益が上がることを期待します。

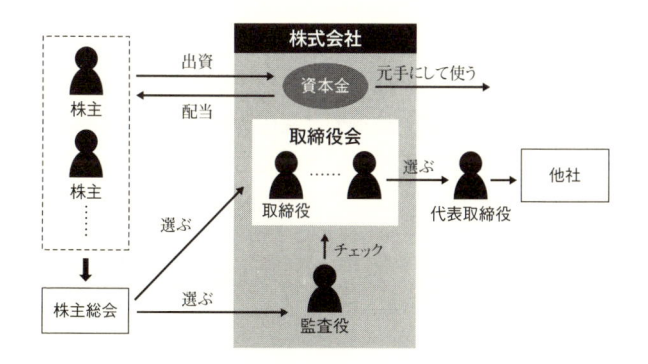

3 会社をやめる時、財産を得る 株主は会社をやめて（解散という）、その財産を処分すること（清算という）ができます。こうして得たカネはすべて株主のものとなります。そのため株主を「会社の財産を所有している」という意味でオーナー、株主が経営者を兼ねていることをオーナー経営といいます。

4 権利を売る 株主は出資したカネを「返せ」とはいえませんが、株という権利を他人に売ることはできます。

03 会社というシステム

学習のポイント

会社を理解するには、これをシステムでとらえることが必要です。システムを「複数の要素から成り、共通のベクトル（方向）を持つ複合体」と定義します。システムのポイントは要素とベクトルの2つです。

1 会社の要素 会社ができた時は資本金という元手しかありません。この元手をベースとしてさまざまなものを購買したり、募集したりします。こうして集めたものを経営資源といいます。これが会社システムの要素です。

経営資源はヒト、カネ、モノ、情報に分けることができます（本書はこの経営資源別に構成されています）。

会社はこの経営資源をベースとしてビジネスモデル（仕事を行う仕組）を作り、ここに経営資源を投入して（これを投資という）、ビジネスを行い、新たな経営資源を生み、これを再度投資します。このうち新たに増えた部分を付加価値といいます。付加価値は仕事の結果生まれたものであり、カネで買えないものです。この中でもっとも大切なものをコアコンピタンスといいます。

2 会社のベクトル 会社の経営は次のような流れ（経営フローという）でなされていきます。この経営フローは会社の進むべき方向を表しています。つまり会社システムのベクトルとなるものです。

| ミッション | → | ビジョン | → | 経営戦略 | → | 経営計画 | → | 部門計画 |

学習術その1
会社の仕組は「システムで考える」

- ミッション　多くの企業では企業理念、創業理念、社是といった名前で存在しており、経営の基本的方向を示したものです。

　人間は1人では存在できず、それぞれが機能を分担して社会を形成しています。ある人は米を作り、ある人は米を運び、ある人はそのための車を作り、ある人はその車のガソリンを集め……ということです。これらの分担作業は同一作業をやっている人がプロとしてチームを組んだ方が合理的であり、ここに企業が誕生します。この分担作業がミッションであり、「その企業が何のために存在しているか」という社会的使命を意味しています。

　ミッションにはもう1つ意味があります。この使命に賛同して資金を出してくれる出資者や、そこで働くヒトたちを募集する"旗"となることです。ミッションという旗の下にカネを集め、ヒトが集まるということです。

- ビジョン　多くの企業で経営理念、ビジョン、「経営計画の一部」といった形で存在しています。ミッションを遂行するうえでの経営者としての基本的な考え方を株主、従業員に提示するものです。

- **経営戦略**　ビジョンを具体的な行動レベルに落とし込んだものです。先ほど述べたビジネスモデル作りや経営資源投資の考え方がその中心です。広義には経営フローすべてを指すこともあります。

- **経営計画**　経営戦略遂行のための経営資源の調達法や、戦略遂行後の結果予測、つまり目標が立てられます。

- **部門計画**　経営計画を社内の各部門の計画に落とし込みます。ここでの落とし込みには170ページで述べる予算システムが使われます。

04 会社の死

学習のポイント

会社の死には2つのパターンがあります。1つは株主の意思による解散（19ページ）です。
もう1つが倒産であり、払うべきカネが払えなくなった状態です。一般には「つぶれる」と表現されます。会社が倒産状態になると、カネを貸している人が殺到するので、法律で処理ルールを決めています。

　ここで言葉を定義しておきます。「人に何かしてもらえる権利」を債権、「人に何かする義務」のことを債務といいます。借金でいえば、「カネを返してもらう権利」が債権、「返す義務」が債務です。

　会社が倒産状態になった時は混乱状態になるので、次のどちらかの方法で整理されます。

- **私的整理**　債権者（債権を持っている人＝カネを貸している人）との話し合いで進めていく。
- **法的整理**　裁判所が中心になって進めていく。

　整理した結果は2つに分かれます。その会社を解散して清算する（財産を処分する）か、立て直す（再建する）かです。それぞれ清算型、再建型といいます。

　私的整理は任意整理ともいわれ、日本では多くがこの形で債権・債務が整理され、清算または再建します。

　私的整理の再建型でもっとも有名なのが債権放棄です。これは「このままでは会社がつぶれてしまって借金は返せない。借金を少し勘弁してもらえば何とか生き延びることができるのでよろしくお願いします」というものです。

学習術その1
会社の仕組は「システムで考える」

　法的整理の清算型の典型は破産です。破産法に基づいて裁判所が決める破産管財人（その会社の財産を管理する人）が財産を処分していきます。この破産を自らの意思で裁判所に申し立てることを自己破産といいます。破産はなかなか厳格な手続きなのですが、会社法に基づいてもう少し簡単に行うものは特別清算といわれます。

　法的整理の再建型には2つのパターンがあります。1つ目が会社更生法に基づくもので、大企業が対象です。現経営者はクビになって、裁判所が決める更生管財人が経営にあたり再建します。2つ目が民事再生法に基づくもので、中小企業や個人企業の再建を想定しています。現経営者がそのまま再建にあたることができ、手続きも簡単で早期に完了します。そのため大企業でも採用するケースが増えています。

　倒産手続きを整理すると次のようになります。

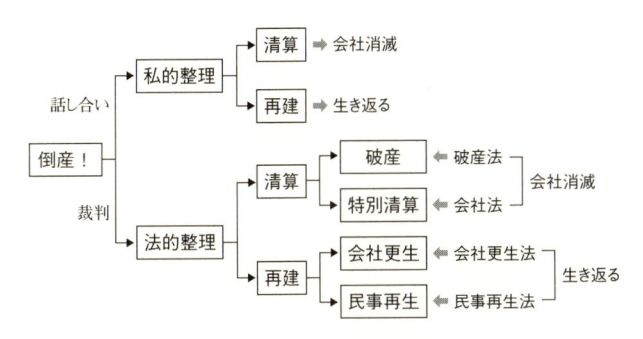

```
                    ┌→ 清算 ⇒ 会社消滅
          ┌→ 私的整理┤
          │         └→ 再建 ⇒ 生き返る
話し合い    │
倒産！ ─┤
          │         ┌→ 清算 ┌→ 破産    ─ 破産法    ┐
裁判      │         │       └→ 特別清算 ─ 会社法    ┘会社消滅
          └→ 法的整理┤
                    └→ 再建 ┌→ 会社更生 ─ 会社更生法 ┐
                            └→ 民事再生 ─ 民事再生法 ┘生き返る
```

　この他、再建型で私的整理と法的整理の中間に位置するものとして、2007年から事業再生ADR（Alternative Dispute Resolutionの略。裁判外紛争解決手続のこと）という制度が生まれ注目されています。これは倒産企業と債権者の間に第三者が入って会社を再生していくものです。

05 株の上場

学習のポイント

株の売買をせりで行う市場が証券市場です。ここでは「買った値段より売った値段が高ければ勝ち」というマネーゲームを行います。このマネーゲームのルールは金融商品取引法（略して金商法）に定められています。

　証券市場で株が売買できるようになることを、「場にのる」という意味で上場といいます。アメリカでは上場した瞬間をIPO（Initial Public Offering）といいます。

　証券市場において売り手となるのは「株を持っている株主」と「株を発行できる会社」です。買い手は投資家とよばれます。売り手は会社のことをよく知っています。会社自身はもちろんのこと、株主も株主総会などでさまざまな情報が手に入ります。しかし買い手は部外者ですので、全くその情報がありません。これではゲームになりません。そのため金商法では買い手（投資家）のために2つのことがルール化されています。

　1つ目は上場時の審査です。株という権利は会社がつぶれてしまえば紙くずです。そこで上場する時に証券取引所（金商法に基づいて作られる証券市場）がその「つぶれない度」をチェックしています。ただ「つぶれそうもない大企業」は安定しているため大きく伸びる可能性は少なく、株価は大きくは上がりません。「つぶれるかもしれないベンチャー企業」は大きく伸びて株価を大きく上げる可能性もあります。どちらの株を買うかは投資家次第です。そのため証券取引所には複数のものがあり、審査基準を変えて

学習術その2
外との関係は「コーポレートガバナンスの変化で考える」

います。大企業向けの代表は東京証券取引所一部市場（東証一部という。二部もあり、こちらの基準の方が少しゆるい）です。よく「我が社は東証一部上場企業」と胸を張るのは、東証一部の厳しい基準をクリアした"立派な会社"という意味です（東証一部上場企業も倒産はしていますが）。このタイプの証券取引所は東京だけでなく、大阪、名古屋、札幌、福岡にもあります。ベンチャー向け市場としてはジャスダック、マザーズ、ヘラクレス、セントレックス、Q-Board、アンビシャスなどがあります。

2つ目のルールは、上場後に会社から投資家へ定期的に情報を提供することを求めています。これをディスクローズ（公開と訳されるが、オープンではなく「一切隠さない」という意味）といいます。投資家には誰でもなれますので、この情報は社会へすべてディスクローズされることになります。この中核となるのが有価証券報告書（有報と略される）です。有報は会社が作り、公認会計士（この人たちが作る法人が監査法人）という専門家がチェックします。有報はその会社のWebサイトからダウンロードできますので、実際のものを見てください。

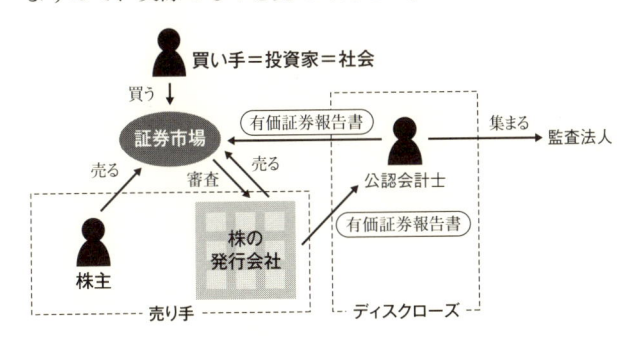

第1章　ヒトに関する常識

06 株取引のルール

学習のポイント

株の売買というマネーゲームは"公平さ"がポイントです。金商法ではこの公平さを確保するために、いくつかのルールを決めています。

1 インサイダー取引 ディスクローズといっても、いくら何でも「すべての情報を公開」というわけにはいきません。新製品開発情報などビジネス上、秘密にしておきたい情報もあります。そのため不正競争防止法という法律で営業秘密(トレードシークレット)というものを定めています。これは「会社が秘密として管理している情報」と定義され、会社はこれをオープンにすることを阻止できます。

しかし「一般の人が知らない情報を持った人」が、証券市場でゲームをやったら不公平です。そこでこういった人が行う証券市場での株の売買を規制しています。

これがインサイダー取引とよばれるものです。その会社の役員、従業員、大株主やその他の関係者など、その会社の"秘密"を知る可能性を持っている人の株取引に、いくつかの規制を設けています。

2 経営権 株には経営権(経営者を選ぶ権利=コーポレートガバナンス)があります。証券市場では、会社のこれまでの業績や将来を考えて買う値段、売る値段を判断するのが原則です。株の売買による「もうけ」にあまり興味がなく、経営権の取得(33ページで述べる買収)を目指している人がこれを秘密にして株の売買をすると、証券市場の株価はどんどん上がってしまい大混乱します。そこでこ

学習術その2
外との関係は「コーポレートガバナンスの変化で考える」

れに対して2つの規制をしています。

- **株式大量保有の5％ルール** 上場会社の株のうち5％を超える量を持った人（法人も含めて）は、保有割合（何％か）、保有目的（投資か、経営権取得か）、取得資金（誰のカネで買ったのか）をディスクローズすることになっています。こうすれば他の投資家にも何が起こっているのかがわかりやすくなります。
- **TOB**（TakeOver Bid：公開買付） TOBとは会社の経営権を取りたい（買収したい）時などに、証券市場を通さず、不特定多数の人からそれ（買収目的）をオープンにして買うことをいいます。

証券市場の外で人知れず買い手と売り手が株取引をすると、証券市場での売買が混乱します。そこで買収のために証券市場外で株を売買する場合は、原則としてTOBを強制して、他の投資家からもその状況がわかるようにしています。

TOBでは買い手を厳しく規制しています。買う期間、買う価格（期間中は一定）、買う予定の株数を新聞などに公告しなくてはなりません。しかも買い手は原則としてキャンセルできず（売る方はいつでもOK）、TOB期間中は他の方法でその会社の株を買うことが禁止されます。

これら証券市場のお目付け役として金融庁に証券取引等監視委員会があります。アメリカのSEC（Securities and Exchange Commission）にあたるものです。

07 日本的株式会社

学習のポイント

約20年前のバブル崩壊後、証券市場には外国人投資家が増加しました。彼らは日本の株式会社、特に東証一部上場の老舗企業(日本的株式会社といわれる)のコーポレートガバナンスについて、次の3つの点を指摘しました。これらはゆっくりとその変革が進められています。

- **株主総会** 東証一部上場会社の多くは3月決算(4月～翌年3月を1年とする)です。株主総会は決算後3ヵ月以内に開催すればよいのですから、6月末までのいずれかの日にやればよいことになります。

上場会社の株主となる投資家は複数の会社の株を持っていることも多く、上場会社が皆同じ日に株主総会を実施すると物理的に出席することができなくなります。本来なら日をずらしたり、土曜や日曜にやればよいと思うのですが、多くの会社はあえて6月末頃の「同一日」(平日)に開催してきました。

株主総会がもっとも集中した1995年には、何と3月決算の会社の9割以上が同一日に株主総会を開催しました。

さらに実施時間が極端に短く「しゃんしゃん総会」(始まったと思ったらあっという間に"しゃんしゃん"と手締めをして終わらせてしまう)とよばれます。多くの株主総会は何かを決めたり、審議する場というよりも、形式的な集まりとなっているところがほとんどでした。むしろ株主総会で取締役会が出した案が否決されれば、新聞に載るほどイレギュラーなことでした。

学習術その2
外との関係は「コーポレートガバナンスの変化で考える」

　こうなると株主が経営者を選んでいるとはいえず、配当が低くても了承してくれることになり、サイレント株主とよばれました。外国人投資家はこれを指摘し、「コーポレートガバナンスが機能していない」、「会社は誰のものか？株主のものだ」と主張しました。

▪**取締役会**　株主総会が機能しないため、取締役を株主ではなく会社自身（そのリーダーたる経営者）が選ぶことになります。そのため取締役は課長、部長などと同様に従業員の出世ランキングの1つの階段となります。

　こうなると取締役にもランキングが必要となり、社長、副社長、専務、常務、平取締役といった階層ができます。これだけ秩序がはっきりしていれば、新任の取締役に意思決定機能（取締役会で1票を入れる）を求めるのは無理なことがわかると思います。

　実際の経営は、各部門担当の役付き取締役（常務以上）が集まり（常務会、経営会議などとよばれる）、社長などのトップへそれぞれが状況を報告し、トップがその意見を聞いて最終的に意思決定するというスタイルとなります。そのためトップが意思決定権、人事権などすべての権限を持つこととなります。法律の定めている取締役会による合議制とはかけ離れたものといえます。

▪**監査役**　監査役も株主総会が機能しないので、社長などの経営者が選ぶことになります。経営者のスタッフ的位置づけとなり、取締役を引退した人が選ばれるケースも多く見られました。こうなると社長を中心とした取締役を監査役がチェックすることなど困難となります。

第1章　ヒトに関する常識

08 アメリカ的株式会社

学習のポイント

日本的株式会社はゆっくりと変身しています。そのベクトルはアメリカ的株式会社といえます。ポイントは経営者を決める仕組(＝コーポレートガバナンス)を外から見てもわかるようにすることです。

1 アメリカのコーポレートガバナンス 会社の最高意思決定機関は株主総会 (stock-holders meeting) です。株主総会が取締役 (director) を選び、取締役会 (board of directors) ができます。ここまでは日本と同じですが、アメリカの大手上場会社では一般に取締役が各株主(特に大株主)の利益代弁者という位置づけとなっています。株主の代理としての取締役会は、実質的な経営者として執行役員 (executive officer／officer) を選び、彼らの監督を行う機関となります。したがって取締役は必ずしも社内にいる必要はなく、社外取締役(後述)のウエイトが高くなっています。

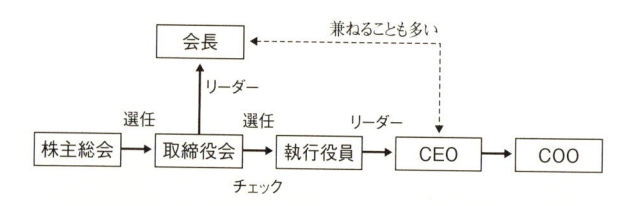

```
                                    兼ねることも多い
              会長 ←------------------┐
               ↑                      ¦
               │リーダー               ¦
        選任   │  選任        リーダー  ¦
株主総会 → 取締役会 → 執行役員 → CEO → COO
                 チェック
```

取締役会は会長 (chairman) という取締役のリーダー、および執行役員のリーダーとしてCEO (Chief Executive Officer：なぜか最高経営責任者と訳している)を選びま

学習術その2
外との関係は「コーポレートガバナンスの変化で考える」

す。大会社ではCEO兼会長というケースも多く、社会、株主、取締役との調整を行う役職となっています。そこで、実質的な経営遂行のリーダーとしてCOO（Chief Operating Officer）を置く会社も多くなっています。

2 委員会設置会社　こうしたアメリカ型コーポレートガバナンスを実現するものとして、日本でも会社法で委員会設置会社というスタイルを定めています。この概要は次のようなものです。

- **取締役、執行役**　取締役会で執行役を選び（取締役との兼任も可）、執行役が経営し、取締役が監督する。取締役会で代表執行役（普通の株式会社の代表取締役にあたる）を執行役の中から1人以上選ぶ。

- **委員会**　指名委員会（株主総会に提出する取締役候補、解任候補の選定）、監査委員会（監査役の代わり。取締役、執行役をチェック）、報酬委員会（取締役、執行役の個人別の報酬を決定する）を作る。すべての委員会は委員として取締役が3人以上必要で、その過半数は社外取締役（過去その会社、子会社の従業員、取締役、執行役をやったことがない）でなければならない。

　アメリカ型経営を目指す一部の大会社は委員会設置会社へと移行しています。しかし多くの上場会社は移行せず、執行役に代わるものとして執行役員（法律の規定はない）を作り、さらには社外取締役を何名か作ることで、委員会設置会社に"近い形"にしています。

　最近日本企業でもCEOという言葉を耳にすると思いますが、この執行役、執行役員のリーダーを指しています。日本のCEOもアメリカ同様、会長、社長などの取締役のトップが兼任していることがほとんどです。

第1章　ヒトに関する常識

09 会社と会社が手を握る

> **学習のポイント**
>
> 会社と会社が手を握るケースが増えています。手の握り方は、その関係の"強さ"で提携、譲渡、合併の3つに分けることができます。

1 提携 会社同士がゆるく結合していくことを提携といいます。このうち「仕事を一緒に」というものを営業提携、業務提携、コラボレーション（協働）、アライアンス（同盟。近年この言葉を使うことが多い）と表現します。

株によって結合するものは資本提携、株式提携といいます。一方が他方の株を持ったり、両社が互いの株を持ったり（「株の持ち合い」という）するものです。日本には銀行を中核とした「株の持ち合い」による企業グループがあり、企業系列ともいわれています。三菱、三井、住友、芙蓉といったものがその代表です。中核となる銀行の合併などにより系列関係はゆっくりと崩れています。

2 譲渡 譲渡とは売買することです。これも何を売買するかで2つに分かれます。1つは営業財産（仕事に使う財産）を売買するもので、営業譲渡といいます。営業財産はモノだけでなく経営資源全般を指します。いわゆる「のれん」（ブランドやノウハウなど無形の財産）や従業員もこの対象です。譲渡をスムーズに行うために会社分割（合併の反対で1つの会社を2つ以上に分けること）ということが認められています。

営業提携と営業譲渡の中間くらいに位置するものとしてライセンシングというものがあります。これはある企業が

学習術その2
外との関係は「コーポレートガバナンスの変化で考える」

持っている営業財産を、その企業(ライセンサーという)が所有権を持ったまま、他企業(ライセンシーという)に使用権のみを持たせるものです。

もう1つの譲渡対象が株であり、一般には買収といわれます。買収とは、一方の会社が他方の会社の株を持つことで経営権(コーポレートガバナンス)を持つことです。経営権を持った方を親会社、持たれた方を子会社といいます。

買収には、友好的買収(現在の経営者の合意のもとに行う)と敵対的買収(現在の経営者の意に反して行う)があります。友好的買収をスムーズに進める方法として、下図のような株式交換が認められています。「他社の株を自社の株で買い、子会社化するもの」です。

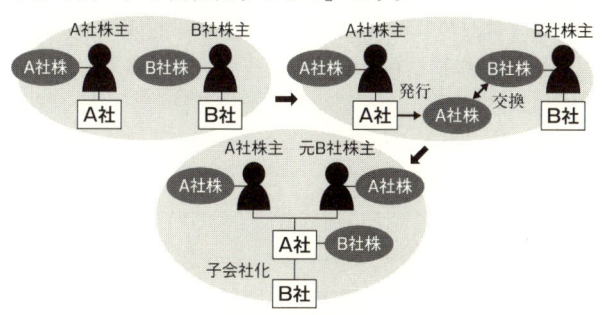

3 合併 A社とB社が1つの会社になるもので、吸収合併(A社を解散して、A+Bで新B社にする。B社を存続会社という。手続きが簡単なのでほとんどがこのパターン)、新設合併(A社、B社を解散してC社を作る)があります。どちらの場合も解散する会社の株主が1株につき新会社の株を何株もらえるか(これを合併比率という)がポイントとなります。

合併と買収を合わせてM&A (Merger and Acquisition) といいます。

第1章 ヒトに関する常識

10 持株会社は再編と統合

学習のポイント

持株会社とは「他社の株を持つことで、他社を支配すること（＝経営権を持つこと＝コーポレートガバナンス）が目的の会社」です。持株会社の設立には次の2つのパターンがあります。

1 グループ再編 会社には定款というものがあり、そこには商号（会社名）、事業目的（魚屋なら「魚を売る」）などが書かれています。これを変更するには株主総会の普通決議（過半数の賛成。取締役の選任・解任などもこれにあたる）ではだめで、特別決議（2/3以上の賛成。定款の変更の他、解散などもこれにあたる）が必要です。つまり「定款は変えないこと」が原則です。経営者から見ると、事業目的は「どんな事業をやるか」という株主や証券市場との約束事項といえます。

会社が定款を変えずに別事業を始める時は、子会社を作るのが原則です。そのため成長を遂げた巨大企業には膨大な数の子会社があり、その子会社が証券市場からカネを得るために子会社のまま（親会社が経営権を持ったまま）上場することもあります。次ページの上図・上側のようなMC電気グループでは、成長分野にどうしてもいくつもの会社が進出してしまい、場合によっては競合してしまいます。

一方、証券市場から見ると、自らが投資したカネがどこへ流れているのかがわかりづらいといえます。

そこで同図・下側のように持株会社を作って、子会社を整理、統合してフラットな形にし、持株会社がグループを代表して上場するという形にします。こうなるとMCグル

学習術その2
外との関係は「コーポレートガバナンスの変化で考える」

ープは証券市場に対して事業や商品の力ではなく、「MC」というブランド（コーポレートブランド、企業ブランドという）の力を訴えていくことになります。

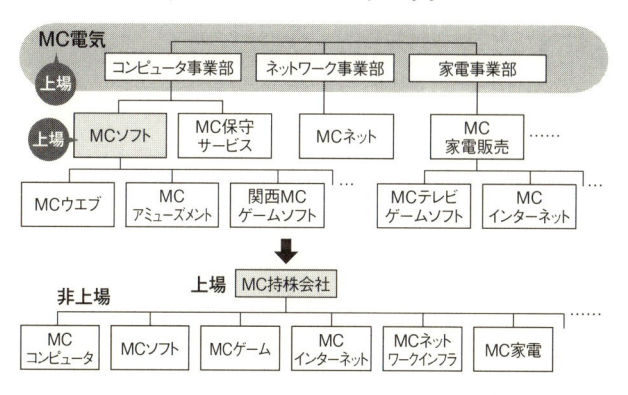

MC電気

上場：コンピュータ事業部／ネットワーク事業部／家電事業部

上場：MCソフト／MC保守サービス／MCネット／MC家電販売 ……

MCウエブ／MCアミューズメント／関西MCゲームソフト／MCテレビゲームソフト／MCインターネット …

上場：MC持株会社

非上場：MCコンピュータ／MCソフト／MCゲーム／MCインターネット／MCネットワークインフラ／MC家電 ……

2 経営統合 持株会社を用いると、合併に"近い形"を取ることができます。これはA社とB社が共同持株会社AB社を作り、そこにA社、B社の経営権を持たせるものです。このように新会社を作って株をそこへ移すことを株式移転といいます。

AB社は両社を株によってガバナンスします。また、その株をいつでも売ることができ、かつC社を買収したければ株式交換（33ページ）などで傘下に入れることも可能となります。

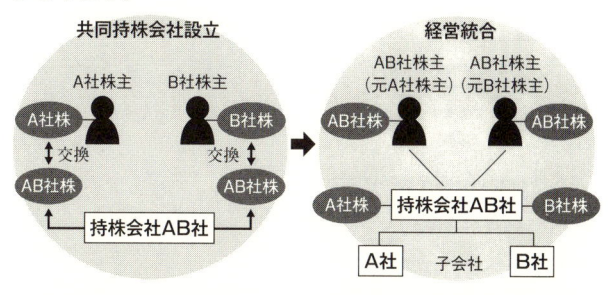

共同持株会社設立

A社株主／B社株主
A社株⇔AB社株（交換）
B社株⇔AB社株（交換）
持株会社AB社

経営統合

AB社株主（元A社株主）／AB社株主（元B社株主）
AB社株／AB社株
持株会社AB社
A社株／B社株
子会社 A社／B社

第1章 ヒトに関する常識

11 会社と社会の関係

学習のポイント

日本的株式会社には「会社が会社のためだけに存在しており、自らの利害だけを考える傾向にある。これが会社の不祥事を招き、投資家が不信を抱く原因である」という批判がありました。これを受け、会社と社会の関係が見直されています。

1 PR 「会社はもっと目を外に向け、すべてのステークホルダー（株主、投資家、従業員、消費者、地域社会などの会社の利害関係者のこと）と良好な関係を保つために、情報やカネを積極的に提供していくこと」をPR（Public Relations：直訳すると「公共との関係」。一般に広報と訳される）といいます。IR（Investor Relations：投資家との関係を良好に保つこと）もPRの一部です。

　PRの考え方は日本では比較的古く、何回かブームが訪れました。CI（Corporate Identity：社会における会社の位置づけをはっきりさせる）、メセナ（文化、芸術活動への支援）、コーポレートシチズンシップ（会社も市民として社会に貢献する必要がある）といったものです。これを受け、美術館などの文化的施設を会社が作ったり、利益の1％を社会還元したりという形で進められてきました。

　しかしいつの間にか、これらはマーケティングとの関係が色濃くなってしまいます。つまり、自社商品を売るための活動へとなっていきます。そしてマーケティング活動として見ればその成果が少ないことから、業績が落ちるとこれをやめてしまい、いつの間にかブームは終わってしまいます。

学習術その2
外との関係は「コーポレートガバナンスの変化で考える」

　近年でいえばエコ運動（エコ＝エコロジーの略。自然環境保護運動）といった環境活動がこれにあたります。そしてこれをマーケティングではなく、PRとしてとらえようとするのが現代企業です。

2 CSR　PRの理論的バックボーンとして注目されているのがCSR（Corporate Social Responsibility：企業の社会的責任）です。次の3つの責任から成り立っていると考えます。

- **存在責任**　企業には、社会に対しミッションをプロとして果たす責任があるというものです。社会はこの機能を持った企業が存在していることを前提に成り立っています。だから企業は存在し続ける責任（ゴーイングコンサーンという）があり、かつこの機能を実行したい人に"働く場"を提供する責任を負うというものです。

- **公益責任**　企業は社会の利益に貢献する責任があるというものです。これには2つの意味があります。1つは自らが生み出す付加価値による社会への貢献です。魚屋は「魚をうまくさばく」ことで「魚をおいしく食べたい」と願っている社会へ貢献するというものです。もう1つは企業は利益を上げることで税金を払い、直接的に社会貢献するというものです。

- **公共責任**　「企業がしてはならないことはしない」というものです。法規制、社会的規制（153ページ）が中心です。第4章で述べるPL法、環境に関する法律、ISO14000シリーズなどがこれにあたります。

12 階層の4つの意味

学習のポイント

企業組織には連続した上下関係（タテの関係）が存在し、階層を生んでいます。階層は次の4つのものが重なり合って生まれたといえます。

1 仕事の分担　企業内には明らかに異なる仕事が3つあり、どんな企業でも次のような3階層が生まれます。

階層	担当者	仕事
デシジョンレベル	経営者	・外部のステークホルダー（36ページ）との調整 ・経営資源（20ページ）の調達・配分 ・ビジョン、経営戦略、経営計画の立案
マネジメントレベル	マネジャー	・経営戦略、経営計画の理解、およびプレイヤーへの伝達 ・プレイヤーの仕事をマネジメント
オペレーショナルレベル	プレイヤー	・指示された業務を実行する

2 秩序　組織における秩序とはメンバー間の優先関係です。意見の優先度（誰の意見が優先されるか）といってよいものです。この優先度を表しているのが上の3階層であり、経営者、マネジャー、プレイヤーの順に意見が優先されます。マネジャーの中にも部長、課長といった優先関係が存在しています。意見を優先する方を上司、される方を部下、意見を決めることを意思決定、決めた意見を優先させることを指揮命令といいます。

3 管理範囲　1人の上司が持てる部下の数には限界（管理範囲、管理スパンという）があります。例えば100人分のプレイヤーの仕事がある会社で管理範囲が5人なら、5人

学習術その3
タテの関係は「マネジメントをサービスと考える」

ごとにチームを組んで（例えば課）、20人のプレイヤーの上司（課長）が必要です。20人の課長の上に4人の部長、その上に経営者という組織になります。プレイヤーが1000人なら200人の課長、40人の部長、8人の事業部長、その上に経営者2人となり、マネジメントレベルには248人、3階層必要です（この状態をピラミッドという）。ここで管理範囲が20人になれば、1000人のプレイヤーには50人のマネジャー、その上に経営者3人となり、マネジメントレベルが50人、1階層となります。これをフラット化といいます。

管理範囲はマネジャーの仕事力に依存することはわかると思います。このマネジャーの仕事が次項で述べるマネジメントです。

4 能力ランキング 組織における仕事の分担の原点となるのが、従業員各人の能力といえます。日本的株式会社の特徴として、会社が能力を発揮して仕事をする場だけではなく、能力を高める場として存在していることが挙げられます。

ここでは能力を高めたことを測る"ものさし"が必要です。これが能力ランキングです。従来は上下関係とほぼ一致しており、資格とよばれていました。例えば主事（係長相当）―参事（課長相当）―参与（部長相当）―理事（経営者一歩手前）といった形です。

しかし近年では組織がフラット化してポスト（係長、課長……）が減り、本来の能力ランキングという位置づけとなっています。一般職4級、3級、2級、1級、マネジメント職3級、2級、1級といったものです。資格制度を上下関係ではなく、能力の高低（ランキング）に着目したものは職能制度、等級制度といわれます。

13 PDSと権限委譲

学習のポイント

マネジメントは管理と訳されることが多いのですが、全くといってよいほどニュアンスが違います。
芸能人のマネジャーはマネジメントという仕事のプロであり、芸能人の仕事をうまくできるようにサポートする人です。会社におけるマネジメントはその"感じ"です。これを意識して多くの現代企業は課長、部長、管理職といった名前をマネジャー、マネジメント職へと変えています。

マネジメントはPLAN（計画）、DO（実行）、SEE（評価）というPDSで表されます。PDSは次の2つの意味を持っています。

1 権限委譲 権限委譲とは「組織の上位者が持っている権限を下位者に移すこと」をいいます。この時、上位者にも権限委譲した仕事の結果に対しての責任は残ります。したがって「誰に何を権限委譲するか」という権限は、その上位者にあります。

株主は経営者に「経営する」という権限を委譲します。経営者はそのうちのマネジメントという仕事をマネジャーに権限委譲します。

権限委譲は、そのポジション（例えばマネジャー）についたら自動的になされるものではありません。下位者が計画を作り、それを上位者が承認した時に権限が委譲されます。つまり権限委譲＝PLANです。権限を得たマネジャーはその計画に関する経営資源（ヒト、モノ、カネ、情報……）の配分を受けます。ヒトでいえばその計画にかかわ

学習術その3
タテの関係は「マネジメントをサービスと考える」

るプレイヤーに対する指揮命令権を持ちます。そのうえで計画をプレイヤーとともに実行する責任（DO）を負います。そして実行の結果に関し、上位権限者に対して説明する義務（SEE）を負います。この義務をアカウンタビリティ（accountability）といいます。

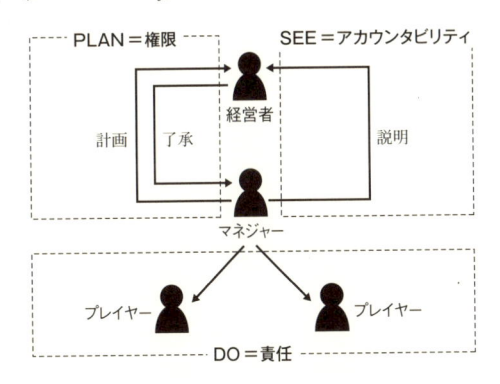

```
PLAN＝権限           SEE＝アカウンタビリティ
              経営者
   計画   了承                説明
             マネジャー
      プレイヤー    プレイヤー
           DO＝責任
```

2 PDCA　PLANのポイントは権限委譲です。DOはプレイヤーが主に担当し、マネジャーは例外処理（計画以外の仕事に対応する）、トラブル処理といったことを担います。SEE（アカウンタビリティ）のポイントはPLANとDOの違いを分析し（差異分析）、その違いが出た理由を考えて次の計画に生かすことです。つまりSEEはCHECK(差異分析)、ACTION（次の計画に生かす）という2つに分かれます。この時PDSはPDCAとよばれます。

このPDCAをマネジメントサイクルといいます。

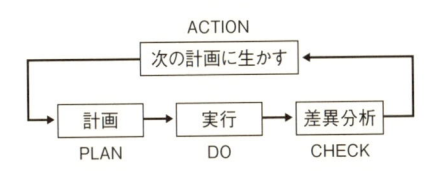

```
              ACTION
        ┌─ 次の計画に生かす ←─┐
        ↓                        │
      計画  →  実行  →  差異分析
      PLAN     DO       CHECK
```

第1章　ヒトに関する常識　41

14 マネジメントのためのルール

学習のポイント

組織の階層という上下関係では、どうしても最下位層のプレイヤーが不利な立場になることが多いといえます。そのため、このプレイヤーを守るために数々の法律があります。これらをまとめて労働法といいます。

欧米で経済学を理論的バックボーンとして、資本主義という考え方が生まれました。「資本（カネ、設備、土地）を持った資本家が、労働力を買い（！）、これと自らの持つ資本を組み合わせて、財（商品）を生産することで利益を得る」というものです。この資本主義を支える組織体として企業が生まれ、資本家がその労働力をうまく使うテクニックとしてマネジメントが生まれました。

労働法が想定しているシーンもこの資本主義です。労働法の基本法である労働基準法では、労働者を「事業に使用（！）され、賃金を支払われる者」と定義し、「事業主、経営担当者及び労働者に関して事業主のために仕事をする人すべて」を使用者と定義しています。事業主は企業そのものであり、それ以外の使用者は労働者への指揮命令権を持つ人と考えられます。マネジャーは労働者ですが、権限委譲によって指揮命令権を持っていることが多いので、使用者にもなります。

しかし多くの大企業ではプレイヤー（労働法でいえば労働者にあたる）がキャリアアップ（昔は出世といった）してマネジャー、さらには経営者へと昇りつめます。しかもプレイヤーとマネジャーの境（マネジャーでもプレイヤー

学習術その3
タテの関係は「マネジメントをサービスと考える」

を兼ねている人が多い)、マネジャーと経営者の境も極めてファジーです。

現在の多くの会社は、労働法の持つ「使用者が労働者を働かせ賃金を払う」というパラダイムからはかけ離れています。しかし労働法がいかに実体とかけ離れていても、もちろんこれを守らなくてはなりません。したがって「労働法に関するコンプライアンス」(これを労務ということも多い)は、経営上大切なポイントとなっています。

一般ビジネスマンが労働法のすべてを隅々まで知ることなどできませんが、せめてどんな法律があるのかを知り、何か疑問に思ったら人事部、法務部、弁護士といったプロに相談することが必要です。

労働法は以下のように分類することができます。

労働市場法 (労働の権利と義務に関する法律のグループ)
- 雇用対策法…求人、求職、職業訓練、職業転換などの雇用問題へ対応する法律
- 職業安定法…「職業選択の自由」がテーマ。公共職業安定所(職安)もこの法律で設置
- 労働者派遣事業法…49ページ参照
- 職業能力開発促進法…職業訓練、職業能力検定についての法律

雇用関係法 (労働条件に関する法律のグループ)
- 労働基準法…労働法の中心。労働条件、賃金などを規定
- パートタイム労働法…パートタイマーの法律
- 労働契約法…労働契約(48ページ)に関する法律
- 労働安全衛生法…安全衛生管理体制や健康対策などの法律
- 男女雇用機会均等法…男女平等のための法律。セクシャルハラスメントも定義

労使関係法 (労働者の団結に関する法律のグループ)
- 労働組合法…労働組合に関する法律
- 労働関係調整法…労働者と使用者の争いごとに関する法律

第1章　ヒトに関する常識

15 組織構造のパターン

学習のポイント

組織は管理範囲によってチームが作られます（38ページ）。組織の"ヨコの関係"の第1はチームとチームの関係であり、一般に組織構造とよばれます。組織構造の原型はライン＆スタッフ組織であり、これが大きくなるにつれ、さまざまな形に進化します。この組織構造のパターンとその生まれた背景を理解しましょう。

1 ライン＆スタッフ組織 管理範囲によって、仕事を分割する形でチームが生まれます。こうして生まれたチームをラインといいます。一方、こうしていくと、各チームのマネジャーに共通の仕事が生まれてきます。例えば人を育てる、チームの成績を計算する……。また会社が大きくなってくると経営者の仕事は膨大なものとなり、これをサポートしてくれるプレイヤーも必要となります。こうして生まれるのがスタッフです。メーカーであれば、ラインは作る（工場）、売る（営業部）といった直接的な仕事を担当するチームであり、スタッフは人事部、経理部、総務部、経営企画室といったものです。

2 事業部組織 会社がさらに大きくなってくると営業部は「売ること」だけ、工場は「作ること」だけを考え始め、部門間の対立が生まれてくることもあります。そうなると会社全体のことを考えるのは経営者だけとなってしまいます。

ここで日本の大企業の多くは事業部制を採用します。ラインを商品や地域（地域の場合は支社とよばれることが多

学習術その4
ヨコの関係は「人間関係を考える」

い）によって分け、事業部とします。メーカーでいえば事業部の中に営業部や工場などの異なるラインのチームを持ちます。この事業部を独立採算制（この単位に成績を計算する）として、小回りを利かせようとするものです。スタッフは本社に集めて各事業部をサポートします。事業部はSBU（Strategic Business Unit）、単にBUとよばれることもあります。

これを一歩進めるとカンパニー制（社内的には事業部を1つの会社として考えるもの）、さらに進むと子会社、持株会社による企業グループとなります。

3 動態組織 会社が大きくなり、事業部制などをとっていくと、本社コントロールの低下（事業部が勝手なことをやり始める）、組織面での重複（各事業部内に同機能のチームが生まれる）、事業部間の競争、短期的業績に走る、といった問題が出てくることがあります。

これら既存組織の問題点の解消を図るものが動態組織です。動態組織とは「環境の変化に応じて柔軟に変化させていく組織」という意味で、次のようなパターンがあります。これらは既存の組織に組み合わせる形で広く用いられています。

プロジェクトチーム	各人の組織上の地位をそのままにして、特定のテーマ（新事業開発など）について部や事業部を横断したチームを作り、テーマの終了後解散する。
プロジェクト組織	プロジェクトチームを一歩進め、組織を固定化しないで、仕事に応じてプロジェクトチームを作り、解散するもの。
マトリクス組織	通常の組織に仕事の目的に応じてもう1本の軸を作るもの。例えばラインを営業、工場と分けるだけでなく、商品別の組織を組み合わせるというもの。そのため1人のプレイヤーに2人の上司が存在することになる。

16 職場の人間関係

学習のポイント

組織の"ヨコの関係"の2つ目の見方は、チーム内の人間関係です。これはさまざまな学者が研究し、行動科学という1つの学問となっています。その出発点はメーカーの工場での仕事の生産性を上げるために行われたホーソン実験というものです。現代の職場に必ずしもあてはまるとは限りませんが、ここで生まれた欲求5段階説、X理論・Y理論、動機づけ・衛生理論といった理論は、現代企業においても常識となっています。

1 ホーソン実験 アメリカの電話メーカーであるウエスタンエレクトリック社のホーソン工場で、メイヨーとレスリスバーガー(ともにハーバード大学の教授)が生産性(90ページ)に関する実験を行いました。

生産性に影響を与えるものが何かを考えるために、「照明を明るくしたり、暗くしたり」「休憩時間などの労働時間を変えたり」……といった実験を試みました。その結果、作業環境、労働条件よりも生産性に影響を与える大きな要因を見つけました。

人間が工場のようにチームで仕事をしていると、本来決めたフォーマル組織(チーム、マネジャー)の他にインフォーマル組織(いつの間にかできてしまうグループ)が生まれ、ここでの人間関係が生産性に大きな影響を与えるということです。これが人間関係論(人間関係についてのさまざまな議論のこと)の出発点です。

2 行動科学 人間関係論はやがて行動科学という学問に発展していきます。そのキーワードはやる気(モラー

学習術その4
ヨコの関係は「人間関係を考える」

ル)、動機づけ(モチベーション)です。人間関係論、行動科学の中で有名な理論は次のようなものです。

理論名	内容
マズローの欲求5段階説	人間の欲求が仕事のやる気を生む。人間はある欲求が満たされると次の高次元の欲求を求める。欲求はレベルの低い方から、生理(食べ物、睡眠など生きること)、安全(満たした生理を継続したい)、所属(チームに入りたい)、尊敬(まわりから尊敬されたい)、自己実現(自己を達成する)という5段階から成る。
マグレガーのX理論・Y理論	X理論(人間は働かないからコントロールする必要がある)からY理論(人間は自分で決めたことは必ずやる)へマネジメントの視点を移すべき。
ハーズバーグの動機づけ・衛生理論	やる気を衛生要因(それが悪いと不満が出るが、良いからといってやる気が出るわけではない。給与、人間関係など)と動機づけ要因(それがあるとやる気が出る。仕事の達成と承認、責任など)に分けて考える。
リーダーシップ論	人間関係の着眼点をチームのリーダーに置いたもの。さまざまな理論が出たが、共通しているのは「人間は心の中にやる気があり、何らかの阻害要因でやる気が表に出なくなる。これを表に出させるのがリーダーの仕事であり、動機づけである」という考え方。

❸ 行動科学が生んだもの 行動科学の研究は次のようなものを企業にもたらしました。あなたの会社で取り入れているものも多いと思います。

目標管理	Management By Objective and self-control。MBOと略す。自分の目標を自分で立てて管理していくこと。
提案制度	従業員に仕事のやり方について改善などの提案を求め、その提案に対し報酬を与える。
カウンセリング	仕事や人間関係について、第三者が相談にのること。最近になって再度注目を集めている。
職務拡大	仕事の単純化、専門化(90ページ)に対する反論で、色々な仕事をやった方が人間はやる気が出る。

17 働くスタイル

学習のポイント

現代企業では働くスタイルが多様化し、正規雇用、非正規雇用といった言葉がマスコミをにぎわしています。働くスタイルについて理解するポイントは労働契約です。

1 契約 民法では契約を「申込(契約したい)と承諾(OK)という意思表示が合致した結果、債権、債務(22ページ)が発生するもの」と定義し、典型的な13種類の契約についてそのルールを決めています。

この中で「他人に仕事を頼むパターン」として、委任契約(直接的に「この仕事をやってください」と頼む)の他に次の2つの契約について定義しています。

請負契約	契約の対象が"仕事"ではなく、その成果物(結果)となるもの。外注、アウトソーシングと表現することが多い。
雇用契約	契約の対象が労働。労働者が労働を提供することを約束し、使用者が賃金を支払うことを約束する契約。労働法では労働契約という。

2 労働契約 労働者と使用者の契約では、労働基準法(42ページ)、労働協約(企業と労働組合で結ぶ契約)、就業規則(各企業が決めた共通の労働条件)、労働契約の順に優先されます。

多くの契約には契約期間がありますが、通常の労働契約はこの期間を定めていません。この通常タイプを一般に正規雇用、正社員といいます。一方、労働契約に期間があるタイプ(原則として最高3年まで)を非正規雇用、契約社員といっています(法的な定義はありませんが)。

学習術その4
ヨコの関係は「人間関係を考える」

　パートタイマー（一般の人よりも労働時間が短い人）や次に述べる派遣社員（正確には派遣労働者だが、普通は"ハケンさん"などとよぶ）の多くも契約社員です。

3 派遣と請負　労働者派遣事業法では、労働者派遣を「自社の社員を雇用契約はそのままで、他人の指揮命令下において他社のために働かせること」と定義して、それ以外の派遣労働を禁止しています。

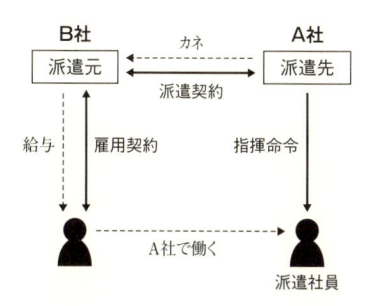

```
         B社         カネ        A社
        派遣元  ← - - - - - -  派遣先
                   派遣契約

         ↕                      ↓
    給与  雇用契約              指揮命令

         ●      - - - - - →    ●
                A社で働く        派遣社員
```

　派遣元、派遣先にはさまざまな規制（派遣社員を守ることが目的）があります。

　しかし、これとほぼ同じスタイルを、労働に関しては規制がない請負契約でも取ることができます。「A社がB社に仕事を請負契約で発注し、その仕事をB社の社員がA社で行う」というものです。

　働くうえで派遣と請負の違いは指揮命令権です。派遣契約ではA社はB社派遣社員に指揮命令ができます。一方、請負契約は成果物が契約対象なので、A社で働いているB社の社員にA社の人間が「ああしろ、こうしろ」とはいえません。

第1章　ヒトに関する常識

常識トレーニングその1
新聞にコメントしよう

　まわりに意見を出すための常識トレーニングの第1は何といっても新聞記事です。
「大手流通業X社が大手外食産業A社に敵対的買収を仕掛けています」
　あなたもニュースを読んで、まわりの人にコメントしてみましょう。
「X社がA社の発行済株式の5％超を保有したことが判明」➡「株式大量保有の5％ルールでわかったんだな。X社ももう少し隠しておきたかっただろうな。ここまで来たら50％まで行ってガバナンスを取る気だろう」
「X社、A社に対して敵対的TOBを実施する模様。目標は50％超の獲得か。A社大株主であるB商事はどう出る？」➡「いよいよ勝負だな。TOB価格をいくらにするかだな。B商事は市場価格の20％増しくらいにしたら乗るんじゃないかな。B商事が乗れば他の株主も『右へならえ』だろう」
「X社、TOBに成功すれば、A社とX社の子会社を合併か」➡「合併は特別決議だから66.7％までやる気か。X社のM&Aに抵抗したA社の経営陣はおそらくクビだろうから、抵抗するだろうなあ」
「A社、B商事に対して大量の新株予約権を発行することを取締役会で決議する模様。X社はやるなら裁判所へ差し止めの仮処分を申請すると発表」➡「これは買収しようとしているX社にとって明らかに不利益だから、裁判所も差し止めするだろうな」
「A社とX社、遂に和解し、共同持株会社を設立し経営統合へ」➡「やっぱり株の取得でカネを使うのはあまり賢くないよな。株式移転ならキャッシュフローは動かないものな。ただ交換比率が問題だな。持株会社のガバナンスをX社が取れば実質的な買収だろう」

第2章 カネに関する常識

■ 学習のベクトル
カネの常識はB/S、P/Lが読めて、企業価値の意味がわかることです。

■ 学 習 術 そ の 1 ....
カネの世界は言葉の定義をはっきりさせる
会社のカネの世界は言葉の定義がしっかりなされていないので、経理のプロ以外はなかなか入っていけない分野です。逆にいえば会計と財務の違い、資金と資本の違いといったことがわかればこの世界が開けてきます。

■ 学 習 術 そ の 2 ....
B/Sは純資産が計算値とわかればOK
B/Sは資産、負債、純資産の3つから成ります。純資産が「資産と負債の差」という計算値であり、実体がないことがわかれば、B/Sが読めるようになります。

■ 学 習 術 そ の 3 ....
P/Lはいつ計上するかがポイント
P/Lがわかりづらいのは、それを計上するタイミングが実際のカネの出し入れとは異なっているからです。買っても買っても、作っても作っても、費用が出ていかない。これがわかればP/Lは読めます。

■ 学 習 術 そ の 4 ....
キャッシュフローがわかれば企業価値がわかる
簿記は特殊な仕事で、一般の人にはブラックボックスです。「簿記がわからないと減価償却の意味がわからない。減価償却がわからないとキャッシュフローがわからない。キャッシュフローがわからないと現代企業の最大テーマ『企業価値』がわからない」という関係です。簿記がわかればいもづる式ですべての謎が解けます。

01 会計と財務の違い

学習のポイント

カネの世界はいくら勉強しても理解できないものです。その最大の理由は言葉の定義がしっかりしていないからです。経理、会計、財務、そして資金、資本、資産……。
似たような言葉が混乱して使われています。しっかり定義してみましょう。

1 会計　英語ではアカウンティングです。「会計」の定義は「カネの出入りを管理して、ある時期に特定の人に報告すること」です。飲み屋などに行って、帰りに言う「お会計！」です。これは「私が入店してから出店するまでに使ったカネを一旦ここで締めて計算し、それを私に報告してくれ」という意味です。

会計には必ず報告先、期間、方法という3つの要素があり、その結果として報告書が出ます。会計期間が終わって（「締め」という表現を使う）計算することを決算、その報告書を決算書といいます。

2 財務　財務は英語ではファイナンスです。しかし一般にファイナンスは金融と訳されます。「カネを融通すること」です。融通とはカネの「ある方」から「ない方」にカネが流れることです。借金でいえば「貸すプロ」はいても「借りるプロ」はいません。したがって金融業（金融のプロ）というのは貸す方であり、一般に金融はカネを融通する側を指しています。

一般企業（融通される側）から見たファイナンスのことを財務といっています。財務とは「企業として必要となる

学習術その1
カネの世界は言葉の定義をはっきりさせる

カネを考えて、そのカネをうまく集めてくること」であり、「資金の調達と運用」と表現されます。

```
   金融業          カネ          一般企業
 ┌─────┐                      ┌─────┐
 │カネがある│ ──────────────→ │カネがない│
 └─────┘    ファイナンス       └─────┘
   金融                           財務
```

3 経理 もっともファジーに使われているのが経理という言葉です。どうも使い方を見ると経理≧会計のようです。常識としては、経理を「カネに関するすべての仕事」と定義して、「経理＝会計＋財務」とします。

4 資金、資本、資産 これはすっきり定義できます。カネが「会社の外にある状態」を資金(fund)といい、財務によって会社の手に入ると資本(capital)となります。会社の仕事はカネを集めることではなく、使うことです。つまり資本というカネで財産を購入します。これが資産(asset)です。資本が資産に変わった瞬間が投資(investment：資本を投げる)です。

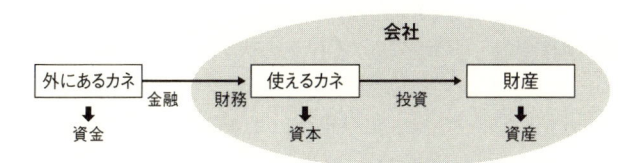

```
                          会社
 ┌─────┐      ┌─────┐       ┌───┐
 │外にあるカネ│─→│使えるカネ│ ────→│財産│
 └─────┘ 金融 財務└─────┘  投資  └───┘
    ↓              ↓               ↓
   資金            資本             資産
```

第2章 カネに関する常識

02 会計のパターン

学習のポイント

会社の会計は報告先によって分けます。税務会計は税務署が報告先です。財務会計は財務してくれた相手、つまりカネを出してくれた人への報告です。管理会計は management accounting の訳で、マネジメントへの報告です。このマネジメントは本書よりも幅広い意味で使われており、経営者やマネジャーを指しています。

1 会計報告書 会計は報告者によってルールが異なり、報告書も異なります。会計報告書にはさまざまなものがありますが、代表的なスタイルは次の2つです。

- **貸借対照表** 財産目録。正の財産だけでなく負の財産（借金など）も報告する。Balance Sheet、略してB/S。
- **損益計算書** 「収入－支出＝もうけ」という形の報告書。Profit and Loss statement、略してP/L。

2 税務会計 会社が納める税金の代表は所得に対するもの（法人税）です。所得とはもうけのことで「収入（税法では益金という）－支出（損金）＝もうけ（所得）」で計算（会計）し、税務署へ報告します（これを申告という）。つまり所得の申告ではP/Lを作ることとなります。
「P/Lだけの申告」を白色申告といい、これにB/Sを付けると青色申告といいます。青色申告は税について優遇されています。なぜでしょうか？

税金はどうしても「少なくしたい」気持ちが働きます。だからP/Lの所得を小さくしたくなります。しかしそうなるとB/Sに書いてある財産とつじつまが合わなくなり

学習術その1
カネの世界は言葉の定義をはっきりさせる

ます（所得が少ないのに財産が多い）。青色申告は「所得をきちんと計算しました」という証といえます。会社はもちろん青色申告にて税務会計します。

3 財務会計 会社においてカネを出してくれた相手（財務）といえば株主です。会社における財務会計は株主への会計であり、会社法に基づくものです。株主は"もうけ"があったら（利益が出たら）配当をもらえます。つまりもうけは配当の限度額です。したがってもうけを計算しなくてはなりません。これを「収益（収入）－費用（支出）＝利益（もうけ）」として計算します。つまりP/Lが必要です。

税務会計とはルールが違うので、同じ会社でも税務会計のP/Lとは異なるものとなります。

さらに会社は株主の出した資金を資本として資産を買います。だから「何を買ったか」を株主へ報告する必要があります。つまり財産目録であるB/Sも必要です。

株主へはP/L、B/Sといった報告書以外にもさまざまな報告をします。これらを財務諸表といいます。

上場会社にはもう1つ報告先があります。それは投資家（証券市場）、というよりも社会です。これにあたるのが有価証券報告書（25ページ）であり、ここにはP/L、B/Sも入っています。

上場会社は34ページで述べたように多くの子会社を持っています。投資家のカネは親会社を通して子会社にも渡っていますので、証券市場は親会社、子会社という企業グループを1つの会社として会計することを求めています。これを連結決算といいます。

4 管理会計 報告先である経営者、マネジャーなどが要求する報告書を作るものです。

03 | B/S、P/Lは集計表

学習のポイント

B/S、P/Lという決算書は、一般ビジネスマンにとってわかりづらい報告書といえます。しかし、この報告書は単純な集計表です。
B/S、P/Lを集計表として見れば決算書が読めます。

集計表とは「データが集計キーと数値に分かれており、同一の集計キーの数値を足し上げて、合計値を計算するレポート」です。一般に集計キーは階層化しており、大区分、中区分、小区分、……となっています。

例えば部門別売上表という集計表では、集計キーは事業部、部、課といったものです。

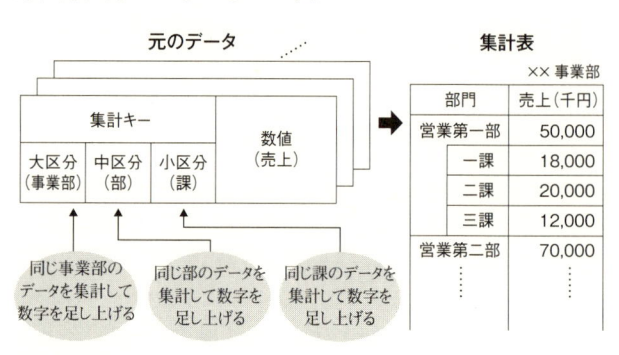

元のデータ

集計キー
- 大区分（事業部）
- 中区分（部）
- 小区分（課）

数値（売上）

同じ事業部のデータを集計して数字を足し上げる
同じ部のデータを集計して数字を足し上げる
同じ課のデータを集計して数字を足し上げる

集計表

××事業部

部門	売上(千円)
営業第一部	50,000
一課	18,000
二課	20,000
三課	12,000
営業第二部	70,000

B/S、P/Lもこれと全く同じ集計表です。したがって会計データ（取引データともいう）は集計キーと数値から成り立っています。

会計の世界では集計キーのことを勘定（アカウントの

学習術その1
カネの世界は言葉の定義をはっきりさせる

訳。a/cと略す。勘定科目ともいう）といいます。勘定は大区分、中区分、小区分、細区分といった形で階層的になっており、この単位に集計されます。

会計データの対象はカネのみなので、数値の単位はすべて「円」です。

勘定は大まかなところでは標準化されており、細部は各会社のビジネスの実態に合わせて設定します。大区分は資産、負債、純資産、収益、費用の5つで標準化されています。したがって会計データはこの5つのどれかに属します。

資産、負債、純資産を集計したものがB/S、収益、費用を集計し、利益を計算するものがP/Lです。

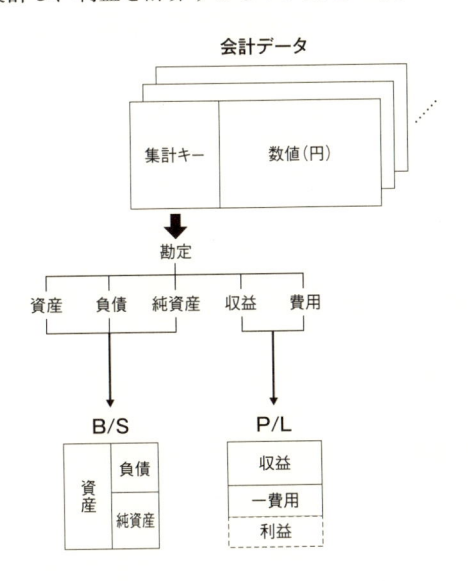

会計データ

```
集計キー    数値（円）
```

↓ 勘定

資産　負債　純資産　収益　費用

B/S
| 資産 | 負債 |
| | 純資産 |

P/L
収益
－費用
──────
利益

第2章 カネに関する常識

04 資産は カネになりやすさを見る

> **学習のポイント**
>
> B/Sの資産は53ページで定義したように「資本というカネで買った財産」です。そのためB/Sには「カネで買っていない財産」は入っていません。例えば従業員や「カネで買っていない"のれん"(32ページ)」といったものです。

　資産は「カネの使い道」を示すものなので、「買った値段で書くこと」が原則(取得原価主義という)です。

　資産はこれを使って仕事をして、カネを増やすこと(この増やしたカネが79ページで述べるキャッシュフロー)が目的なので、「カネへの変わりやすさ」を見ます。これを流動、流動性といいます。流動の反対で「カネになりにくいもの」を固定と表現します。

　資産を流動、固定によって2つに分けます。資産の中区分です。

- **流動資産**　カネにすることが目的の財産。すぐカネになるもの(カネそのものも含む)。
- **固定資産**　使うことが目的の財産。ビジネスに使うことでゆっくりとカネを生んでいく。

1 流動資産　この小区分、細区分は流動性配列を取ります。流動性配列とはカネになりやすい順に並べてB/Sに表示することです。

　この区分設定は企業によって違いますが、一般的には次のようなものです。

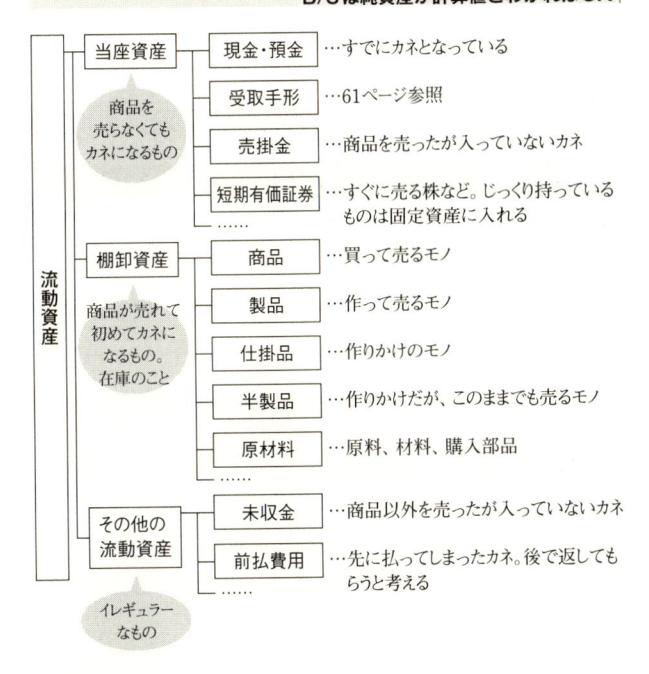

学習術その2
B/Sは純資産が計算値とわかればOK

```
              ┌─ 当座資産 ──┬─ 現金・預金 …… すでにカネとなっている
              │  (商品を    ├─ 受取手形 …… 61ページ参照
              │  売らなくても├─ 売掛金 …… 商品を売ったが入っていないカネ
              │  カネになるもの)└─ 短期有価証券 …… すぐに売る株など。じっくり持っている
              │              ……              ものは固定資産に入れる
              │
  流動資産 ──┼─ 棚卸資産 ──┬─ 商品 …… 買って売るモノ
              │  (商品が売れて├─ 製品 …… 作って売るモノ
              │  初めてカネに├─ 仕掛品 …… 作りかけのモノ
              │  なるもの。  ├─ 半製品 …… 作りかけだが、このままでも売るモノ
              │  在庫のこと)└─ 原材料 …… 原料、材料、購入部品
              │              ……
              │
              └─ その他の ──┬─ 未収金 …… 商品以外を売ったが入っていないカネ
                 流動資産   └─ 前払費用 …… 先に払ってしまったカネ。後で返しても
                                ……              らうと考える
                 (イレギュラー
                  なもの)
```

2 固定資産 こちらは一般に次の3つに分けます。

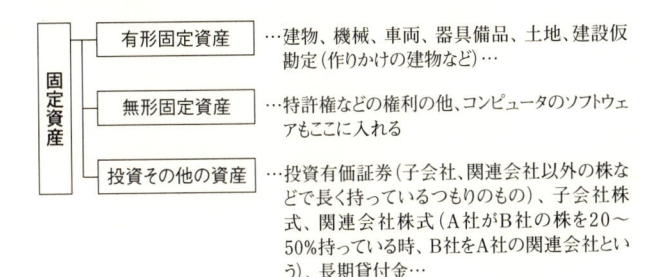

```
           ┌─ 有形固定資産 …… 建物、機械、車両、器具備品、土地、建設仮
           │                    勘定(作りかけの建物など)…
  固定資産 ┼─ 無形固定資産 …… 特許権などの権利の他、コンピュータのソフトウェ
           │                    アもここに入れる
           └─ 投資その他の資産 …… 投資有価証券(子会社、関連会社以外の株な
                                  どで長く持っているつもりのもの)、子会社株
                                  式、関連会社株式(A社がB社の株を20〜
                                  50%持っている時、B社をA社の関連会社とい
                                  う)、長期貸付金…
```

第2章 カネに関する常識　59

05 負債はカネの集め方を見る

学習のポイント

負債は借金であり、返す期日で2つの中区分があります。1年以内に返すものは流動負債、1年を超える借金は固定負債です。これをワンイヤールールといいます。
負債の見方はこの期間ではなく、カネの集め方、つまり財務(ファイナンス)として見ることです。これによって次の3つに分けられます。

1 借入金 銀行などの金融機関からの借金です。借金の特徴は「返さないからといって、それが犯罪になるわけではない」ということです。全財産を売り払っても返せない時は、23ページで述べた破産といった形で許してもらうこともできます。

貸す方から見て、「貸したカネ」が返ってこないことを「貸倒れ」といいます。貸倒れに対応するためには2つの

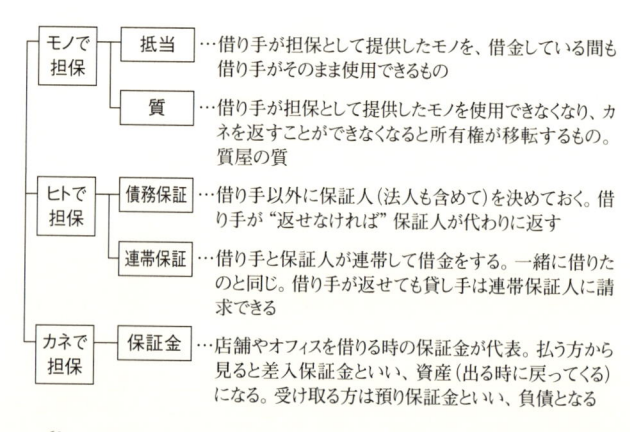

分類	種類	説明
モノで担保	抵当	…借り手が担保として提供したモノを、借金している間も借り手がそのまま使用できるもの
	質	…借り手が担保として提供したモノを使用できなくなり、カネを返すことができなくなると所有権が移転するもの。質屋の質
ヒトで担保	債務保証	…借り手以外に保証人(法人も含めて)を決めておく。借り手が"返せなければ"保証人が代わりに返す
	連帯保証	…借り手と保証人が連帯して借金をする。一緒に借りたのと同じ。借り手が返せても貸し手は連帯保証人に請求できる
カネで担保	保証金	…店舗やオフィスを借りる時の保証金が代表。払う方から見ると差入保証金といい、資産(出る時に戻ってくる)になる。受け取る方は預り保証金といい、負債となる

ことが必要となります。1つは「カネを貸す相手が返済できるか」を貸す時にチェックするもので、与信といいます。与信は信用（credit：クレジット）を与えるという意味です。もう1つは「貸倒れが起きた時」のことを考えておくことで、これを担保といいます。借金の担保は大きく左下の図の3つに分けられます。

2 社債　金融機関ではなく、一般大衆から直接借りるものです。借入金と社債をあわせて有利子負債（利子がかかる借金）といいます。

3 企業間信用　商品を買った時などにすぐには支払いをしないと、この分のカネを借りているのと同じことになります。この財務を企業間信用、この売買を掛取引、「払っていないカネ」を買掛金、「もらっていないカネ」を売掛金、「売買が終わってから払うまでの期間」をリードタイム、「支払いが終了すること」を決済といいます。

　企業間信用においてカネを借りた方が、借用書を法律に則って発行すると、これを手形といいます。受取手形（貸し手）は資産、支払手形（借り手）は負債です。

　手形は流通します。A（借り手）がB（貸し手）に発行した手形で、BがCに支払いを行う（「カネをAからもらってくれ」）というものです。この時、Aが発行した手形の裏にBが署名しますので、これを「裏書き」といいます。そしてCからD、Eへと流れていきます。

　手形には「どこで支払うか」という場所（Aの取引銀行の当座預金）が入っています。Eが受取手形を期日（満期という）になって銀行へ持っていくと、カネが受け取れます。ここでAの当座預金にその分のカネがないと、払ってもらえず、これを「不渡り」といいます。不渡りとなった時はすべての裏書人（B、C、D）が保証人となります。

06 純資産は財産と借金の差

学習のポイント

「純資産＝資産－負債」と定義します。だから「資産＝負債＋純資産」となります。資産（財産）は実体のあるものですが、純資産には実体がなく、単なる計算値です。「純資産はどこにもないもの」とわかればB/Sは読めます。

あなたがマンション4000万円（資産）を、住宅ローン3000万円（負債）を使って買いました。純資産は「資産－負債」なので1000万円となります。この1000万円はどこにもありませんが、「私は財産4000万円で3000万円の借金があるから、いってみれば純資産は1000万円だ」といった"感じ"です。

ここで「買った瞬間」に戻ってみましょう。マンションを4000万円で買ったということは、カネが4000万円あったはずです。3000万円は借りたので、1000万円の「自己資金」があったはずです。この1000万円は会社で考えれば「使える状態」となっているので"資本"です。だから自己資本といいます。3000万円の負債も"使える状態"になっているので資本であり、自己資本に対して他人資本といいます。その合計4000万円を総資本といいます。

負債（他人資本）3000万円は、資本のうちで「いつかは返すカネ」です。したがって自己資本は「返さなくていいカネ」です。先ほどのマンション購入では自己資金1000万円のうち300万円は「親からもらったカネ」でした。これは「もともと返さないつもりで集めたカネ」です。会社では資本金（B/Sに書いてある資本剰余金も資本

学習術その2
B/Sは純資産が計算値とわかればOK

金と考えてOK）にあたります。残り700万円は自らで稼いだ貯金です。会社ではここまでに稼いだ「利益の和」にあたります。これがB/Sの構造です。

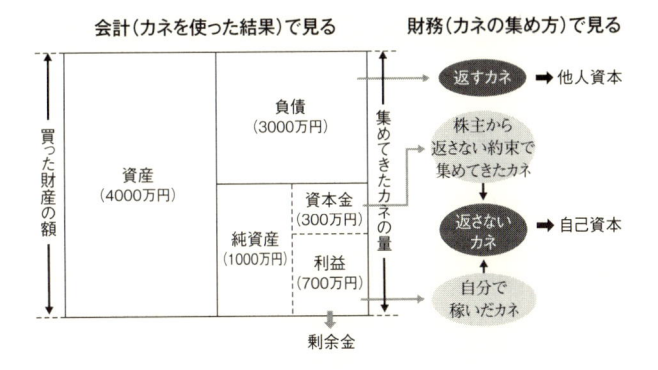

会計（カネを使った結果）で見る　　**財務（カネの集め方）で見る**

買った財産の額	資産 （4000万円）	負債 （3000万円）	集めてきたカネの量	返すカネ → 他人資本 株主から返さない約束で集めてきたカネ 返さないカネ → 自己資本 自分で稼いだカネ
		純資産 （1000万円）	資本金 （300万円）	
			利益 （700万円）	

剰余金

　今度は株主からこれを見てみましょう。株主には会社を解散して清算する権利があります。清算とは全資産を売り払って、全負債を返すことです。そうすると純資産が手元に残ります。この純資産は19ページで述べたように株主がすべて受け取ることができます。このように財産処分を考える時は、資産を「買った値段」（取得原価主義）ではなく「売る値段」（正確には「売れそうな値段」）で書いておかないと困ります。これを時価主義といいます。

　株主から見ると、自分の出した資本金より利益分だけ財産（純資産）が増えているので「過去の利益の和」を剰余金（正確には利益剰余金という）といいます。

　よく考えると、純資産を受け取ることができるのに解散しないということは、純資産分のカネを株主が会社へ出していると考えられます。そこでこのカネを株主資本といいます。

第2章　カネに関する常識

07 株主から集めるカネ

学習のポイント

株主からカネを集めることを、財務ではエクイティファイナンスといいます（負債で集めることはデットファイナンスという）。会計の世界ではこれが資本金となります。エクイティファイナンスには資本金として直接集める増資の他に、新株予約権という方法もあります。

1 増資 株を発行して株主から出資を受けるものです。株式会社は発行可能な株の総数（これを授権資本という）を定款で決めています。その範囲内であれば取締役会の決議だけで必要に応じて新株発行（＝増資）ができます。ただし新株発行で現在の株主が不利益になる場合（株を50％持ち、経営権を持っていたのに、新株が発行されて50％を切ってしまう……）は取締役会の決議だけでは発行できないという規定があります。しかしこの表現がファジーなので、買収などの際にその新株発行が「不利益かどうか」でもめ、裁判所に判断を求めるケースも度々ありました。

増資はその株を発行する相手によって、次の3つに分けられます（株を特定の人に発行することを割当という）。

- **株主割当増資**…既存株主だけに株を発行。
- **第三者割当増資**…特定の人にだけ株を発行。
- **公募増資**…広く大衆から出資を求める。

33ページの株式交換（B社がA社の完全子会社になる）は、A社の株をB社の株主（第三者）に割り当て、その対価をB社の株によって得ると考えられるので、第三者割当

増資となります。

2 新株予約権　オプションとは「一定の期間内に一定の価格で何かを売買できる権利」をいいます。このうちコールオプションとは「買うことができる権利」、プットオプションとは「売ることができる権利」をいいます。

　新株予約権は株のコールオプションのことで、ある期間に一定の価格で株を買う権利のことです。新株予約権の発行は2002年から原則自由となり、さまざまなパターンがありますが、次のようなものが代表的です。

- **ストックオプション**　経営者、従業員への報酬をカネではなく新株予約権で払うというものです。新株予約権で株の購入価格(これを行使価格という)が固定となるので、株価がそれより高ければこの権利を行使して買い、すぐに売れば大きな収入となります。これはこの報酬にあたるカネを会社が財務したと考え、エクイティファイナンスの1つとなります。
- **転換社債**(正確には転換社債型新株予約権付社債)　請求すれば社債を株に転換できるものをいいます。株の出資金を社債で払うと考えます。色々なパターンがありますが、典型的なものは行使価格が一定額に決められているものです。株価が上がればストックオプション同様に有利なので、社債を株に転換します。会社から見ると、株価が上がれば社債という負債(デットファイナンス)から資本金(自己資本)に移るというエクイティファイナンスの1つと考えられます。
- **新株予約権付社債**　社債に新株予約権がついているものであり、上の転換社債もこの一種となります。

08 売上を立てるタイミング

> **学習のポイント**
>
> P/Lは「収益−費用=利益」として計算する報告書です。P/Lを理解するポイントは収益と費用を出すタイミングです。収益と費用はできるだけ同時に出します。収益の中心である売上は「商品を売った時」に出します。この出すことを「計上」「立てる」と表現します。

1 収益 ビジネスで得たカネが収益です。財務会計には「本業と本業以外を分ける」という原則があります。財務会計は株主、投資家への報告であり、彼らは定款(34ページ)に書いてある事業目的、つまり本業に出資、投資しています(59ページの流動資産で売掛金と未収金を分けているのもこれが理由です)。収益はこの原則に従って中区分の本業(営業と表現する)と本業以外(営業外)に分けます。前者は売上(売上高ともいう)または営業収益、後者は営業外収益といわれます。

収益は「いつカネが入ってくるか」ではなく、その元となる行為が「終了した時点」をもって計上します。これを発生主義の原則といいます。モノを売っている会社なら所有権が移転した時、サービス業ならそれが終了した時(ホテルならチェックアウト)です。

しかし「所有権が移転した時」というのは微妙な表現です。このルールは会社ごとに決めており、売上基準といいます。引渡基準(モノを手渡した時)が原則ですが、出荷基準(倉庫から出た時)、検収基準(顧客が検品を終了した時)などを取っている会社もあります。

学習術その3
P/Lはいつ計上するかがポイント

売上基準のように会社が会計について一度決めたことは、途中で変えずに続けていくことが求められます。これを継続主義の原則といいます。

2 費用 費用は単に「出ていくカネ」というのではなく、「収益を得るために会社から出ていくカネ」と定義されます。そのため費用はできる限り「収益と対応して同時に発生させること」が求められます。これを費用収益対応の原則といいます。

中区分も収益とあわせ、営業費用と営業外費用に分けます。営業費用はできるだけ売上（営業収益）と同時に発生させます。例えば1本80円の飲料を購入し、100円で売っている会社で考えてみましょう。この会社の会計では100円で飲料を売った時（売上を立てた時）に、80円の費用を発生させなくてはなりません。買っても買っても費用はゼロで、「売れた分だけ」費用を出すことになります。この80円のことを売上原価（売上を得るためにかかった原価）といいます。

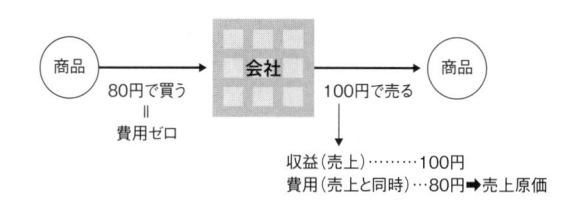

```
商品 → 80円で買う     会社     100円で売る → 商品
         ＝
       費用ゼロ
                  収益(売上)………100円
                  費用(売上と同時)…80円 ➡ 売上原価
```

しかし従業員の給与、水道光熱費（電気代、水道代など）、家賃などのように、売上とは完全に対応しない営業費用もあります。これらは販売費・一般管理費（略して販管費）として、発生時にカウントしておいて決算時に計上します。

09 棚卸は利益計算

学習のポイント

売れた分だけを費用として計上するなら、「買ったが売れていないモノ」、つまり在庫は費用として計上できません。そのため在庫をきちんと計算しなくてはなりません。これを棚卸といいます。棚卸は費用を計算することであり、利益（収益－費用）計算のために必要な仕事です。

売上原価の計算は次のように行います。

1 流通業などモノを買っている企業 まず期首（会計期間の初め）に棚卸（倉庫や店の棚から商品をおろすのでこういう）を行って、在庫を計算しておきます（単位は円。棚卸高という）。そのうえで商品を購入する（仕入という）ごとにその金額をカウントしておきます（仕入高という）。期末（会計期間の終わり）にも棚卸をやって在庫を調べます（期末は次の期首ですので棚卸は期に1回やることになります）。

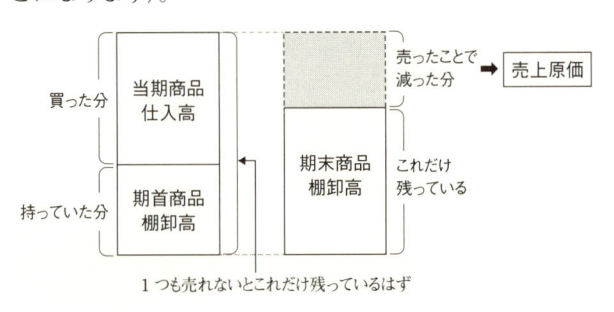

学習術その3
P/Lはいつ計上するかがポイント

　左下の図でわかるように売上原価は次のように計算されます。

> 売上原価＝期首商品棚卸高＋当期商品仕入高－期末商品棚卸高

2 メーカーなどモノを作っている企業　メーカーではモノを作っても作っても費用（売上原価）はゼロです。外注（外部へ仕事を頼む）してカネが出ていっても、工場で製品を製造している従業員に給与を払っても、費用は計上できません。「売れた時に売れた分」だけを、費用として計上しなくてはなりません。

　売上原価は流通業同様に下の式で計算します。

> 売上原価＝期首製品棚卸高＋当期製品製造原価－期末製品棚卸高

　「1本80円」の飲料を100円で売る飲料メーカーで考えると、この「1本80円」にあたるもの（製造原価という）を計算しなくてはなりません。作るのにかかったカネを積み上げていき、これを製造本数で割り、1本あたりの製造原価を出さなくてはなりません。これを原価計算といいます。

　原価計算は材料費、労務費（給与のこと。なぜか労務という）、経費に分けて計算します。材料費は「買った分」ではなく、「使った分」だけを計算します。

　こういう費用計算で得られた利益は、実際のカネの動きとは異なったものとなります（買っても買っても、作っても作っても、カネが出ていっても費用を出さない）。そこで「実際のカネの動き」をとらえる必要が生まれます。これが79ページで述べるキャッシュフローです。

10 本業の利益と普通の利益

学習のポイント

P/Lでは、収益と費用を対応させながら、いくつかの利益を計算していきます。それぞれの利益の意味がわかればP/Lは読めます。P/Lの利益は次のようなステップで計算されます。

1 本業部分 まずは売上総利益を「売上（営業収益）－売上原価」で計算します。80円で買った飲料を100円で売る飲料販売店で1本売れると「100円（売上）－80円（売上原価）＝20円」と計算される利益です。売上総利益は流通業などでは粗利益（略して粗利）、マージン、GM（Gross Margin）、サービス業では差益、メーカーなどではGP（Gross Profit）とよぶこともあります。

売上（営業収益）

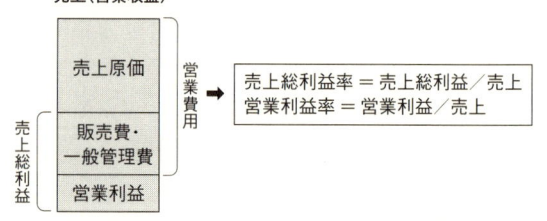

```
売上原価       ┐
               │営業
販売費・       │費用
一般管理費     │
営業利益       ┘
```
売上総利益（左側縦）

→ 売上総利益率＝売上総利益／売上
　　営業利益率＝営業利益／売上

売上総利益率は「80円の商品を100円で売ることができる」という商品力、ブランド力、会社の力、セールスマンの力、お店の力と考えられます。

売上総利益から販売費・一般管理費を引いたものが営業利益（マイナスの時は営業損失）です。これは売上（営業収益）から、売上原価と販売費・一般管理費という営業費用を引いたものであり、「本業の利益」です。株主、投資

学習術その3
P/Lはいつ計上するかがポイント

家としてはもっとも期待している利益であり、経営者の「本業の成績」となります。

2 本業以外を考える 営業利益に本業以外の収益・費用を足し引きして、経常利益（マイナスなら経常損失）を求めます。経常利益は「ケイツネ」などといいます。

> 経常利益 ＝ 営業利益 ＋ 営業外収益 － 営業外費用

3 今期と今期以外 会計は「一定期間のカネの計算」であり、利益には「その期間の経営者の成績」という意味があります。そのため今期に発生した収益や費用でも、それが今期のビジネスのものとはいえないものは今期の成績には入れません。

経常利益の「経常」とは「普通」という意味で、特別なものはここからはずします。経常でない収益と費用、つまり今期の経営者の成績に入れないものは特別利益、特別損失として分けておきます。

例えば20年前に3億円で買った土地を売却したところ、5億円で売れたとします。2億円の利益が上がりますが、これは今期の経営者の成績とは考えづらいので、特別利益として分けておきます。

そしてこれらを差し引きし、税引前当期純利益（マイナスなら税引前当期純損失）を計算します。

> 税引前当期純利益 ＝ 経常利益 ＋ 特別利益 － 特別損失

税引前当期純利益から法人税などの税金支払額を引いたものを税引後当期純利益（略して税引後利益。単に当期純利益ともいう）といいます。

11 | 仕訳という不思議なルール

学習のポイント

簿記は「会計データを集計していくルール」です。
コンピュータなき時代に会計、簿記は生まれました。そのためデータが発生するたびに帳簿とよばれる台帳へそれを書き、月末や期末に"締めて"帳簿のデータを集計していました。
このルールはなかなか不思議です。まずはこの不思議なルールを説明し、次項で「どうしてそういうルールとしたのか」を考えます。

56ページで述べた会計データには下図のように＋（増加）、－（減少）があるはずです。現金が100万円増えれば「＋100万円」、減少すれば「－100万円」です。

コンピュータなき時代にはそろばんで計算していたので、＋、－を取ってしまおうとしました。

感覚的には次のような感じです。

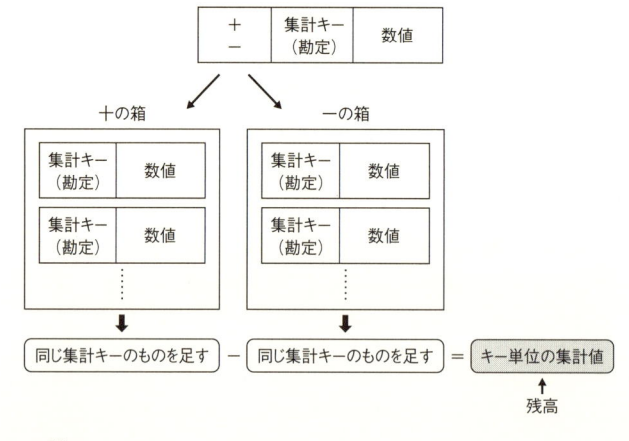

```
          ┌───┬─────────┬─────┐
          │ ＋ │ 集計キー │ 数値 │
          │ － │ （勘定） │     │
          └───┴─────────┴─────┘
           ↙              ↘
    ＋の箱                    －の箱
┌─────────┬─────┐      ┌─────────┬─────┐
│ 集計キー │ 数値 │      │ 集計キー │ 数値 │
│ （勘定） │     │      │ （勘定） │     │
├─────────┼─────┤      ├─────────┼─────┤
│ 集計キー │ 数値 │      │ 集計キー │ 数値 │
│ （勘定） │     │      │ （勘定） │     │
└─────────┴─────┘      └─────────┴─────┘
     ⋮                        ⋮
     ↓                        ↓
┌──────────────────┐    ┌──────────────────┐    ┌──────────────┐
│同じ集計キーのものを足す│ － │同じ集計キーのものを足す│ ＝ │キー単位の集計値│
└──────────────────┘    └──────────────────┘    └──────────────┘
                                                      ↑
                                                     残高
```

学習術その4
キャッシュフローがわかれば企業価値がわかる

　＋の箱と－の箱を用意しておいて別々に管理しておきます。そのうえで発生した会計データをこの2つの箱に振り分けていきます。この"振り分け"を仕訳といいます。

　実は簿記の仕訳は、もうひとひねりしたルールとなっています。まず箱は＋と－ではなく、左側（どういうわけか借方という。意味はない）、右側（貸方）とします。そのうえで集計キー（勘定）によって左と右の箱を使い分けます。

　具体的には次のようなルールで、発生した会計データを箱に入れていきます。これで＋と－の符号を取ってしまいます。現金（資産）が増加すれば＋なので左側の箱へ、資本金（純資産）が増えれば右側の箱へ入れるということです。

集計キーの大区分	＋	－
資産	左	右
負債	右	左
純資産	右	左
収益	右	左
費用	左	右

大区分が資産のデータは＋が左、－が右

　こういう形にして箱に入れても特に問題はありません。集計キー（勘定）が同じものを左と右で分けて集計し、最後に左から右（または右から左）を引き算すれば集計できます。こうして計算された勘定ごとの集計値を残高といいます。

12 簿記は book-keeping

学習のポイント

簿記は英語ではbook-keepingです。これがブキ、ボキになったという説もあります。簿記を「帳簿（book）を正確な状態に保ち続ける（keeping）」と考えれば、簿記の謎である「仕訳のルール」の意味がわかります。

前項の仕訳のルールを見てください。こうすると不思議なことに、1つの会計データが左側の箱に入ると、同時にもう1つのデータが右側の箱に入り、その値は一致します。そのためこれを複式簿記ともいいます。

銀行から100万円借金すると、現金（資産）が100万円増え（＋）左の箱へ、負債（借入金）が100万円増え（＋）右の箱へ入ります。

こうしておくと現金の額を間違えても、負債のデータと合わず、誤りが発見できます。2つのデータを起こすことで過失をチェック、修正できます。

商品10万円を掛取引（61ページ）で売った場合を考えてみます。資産である売掛金が10万円増え左の箱へ、収益である売上を10万円立て右の箱へ入れます。

商品10万円を掛取引で売る

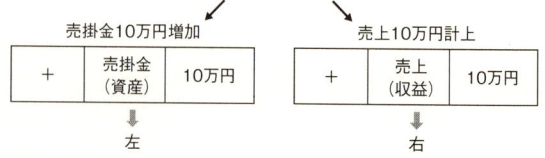

売掛金10万円増加　　　　　　　売上10万円計上

| ＋ | 売掛金
(資産) | 10万円 |　| ＋ | 売上
(収益) | 10万円 |

↓　　　　　　　　　　　　↓
左　　　　　　　　　　　　右

「収益－費用＝利益」です。企業としては「利益を出した

学習術その4
キャッシュフローがわかれば企業価値がわかる

い」(良い成績にしたい)、あるいは逆に「利益を出したくない」(利益に税金がかかるので少なくしたい)と思うことがどうしてもあります。

この売上10万円はまだカネが入っているわけではなく、何の実体もありません。だからこれを操作しても発見しづらいといえます。しかしここで売上をいじれば、売掛金も変えなくてはなりません。売掛金を変えてしまうと、取引先にいくら貸しているかわからなくなるので、どこかに書いておかなくてはなりません(裏帳簿という)。仮に裏帳簿を作っても、"表の帳簿"と販売先の企業のデータ(同額の買掛金があるはず)が合わなくなります。

こうして不正を発見、そして防止(発見されることがわかるので)することができます。

もちろん売掛金を隠して、裏帳簿を作って、販売先と口裏を合わせて……とやれば脱税や粉飾決算(化粧をするという意味で、実際より成績を良く見せること)もできます。しかしここまでやれば悪質な犯罪です。

「2つのデータを同時に起こしていくこと」は過失、不正(違法行為だけでなく、社内ルールなどを含めすべてのルール違反のこと)から守る役割を果たします。こうした仕組を企業内に持つことを内部統制といいます。

上場会社は金融商品取引法で、この内部統制に関する報告書(こんな仕組でこんなふうにやっている)を提出し、チェックを受けることが義務づけられています。この規定はアメリカのSOX法(サーベンス・オクスリー法)を基にして作られたので、金融商品取引法のこの部分を俗にJ-SOX法(日本版SOX法)とよんでいます。

13 減価償却は費用を使う期間に分ける

学習のポイント

減価償却には「固定資産は使うことで価値が下がる」と「費用を使う期間に分ける」という2つの意味があります。

あなたの会社で5000万円のコンピュータを現金で買いました。「コンピュータという資産が5000万円増加し（左）、現金という資産が5000万円減る（右）」という形で2つのデータが発生します。

しかしこれでは費用が発生しません。費用を左側に発生させると、右側のデータがなく、つじつまが合いません。1つでもつじつまの合わないものがあると、前項の内部統制は崩れます（「合わないこともある」の一言です）。

コンピュータを5000万円で買う ➡ コンピュータを5年後に捨てる

コンピュータという資産の増加	現金という資産の減少	左は？	コンピュータという資産の減少
+ コンピュータ（資産） 5000万円	− 現金（資産） 5000万円		− コンピュータ（資産） 5000万円
↓ 左	↓ 右 →費用ゼロ		↓ 右

5年後コンピュータが壊れてしまったので捨てました。5000万円のコンピュータ（資産）がなくなり、右側に5000万円のデータが発生します。しかし左側に入るデータがありません。資産、負債、純資産、収益はいじることはできないので、左へ費用を5000万円発生させる"しかありません"。これでは買った時「費用ゼロ」、5年後に捨てると「費用5000万円」となって"現実の感じ"と合いません。

学習術その4
キャッシュフローがわかれば企業価値がわかる

そこでコンピュータの価値（資産価値という）を少しずつ下げながら（使い減りしたと"考えて"）、減価償却費という費用を出していきます。これが減価償却です。

	コンピュータの資産価値	減価償却費
購入時	5000万円	0円
1年目	4000万円	1000万円
2年目	3000万円	1000万円
3年目	2000万円	1000万円
4年目	1000万円	1000万円
5年目	0万円	1000万円

しかし2年目にコンピュータの価値が大きく下がったと判断すれば（「資産価値が3000万円ではなく2000万円になった」と思う）、減価償却費は1000万円ではなく2000万円となり、利益は1000万円減ります。ということは企業の判断で費用を自由に増やしたり減らしたりでき、利益を操作できることになります。特に「公平さ」がポイントの税務会計では大きな問題です。

そこで税法で2つのことを決めています。

▪ **耐用年数**…資産ごとに「何年間減価償却をするか」を決めている（例えばコンピュータはパソコンが4年、それ以外は5年）。これを法定耐用年数という。

▪ **計算方法**…基本的には定額法（毎年同じ費用を出す）、定率法（減価償却して残った価値に一定比率を掛ける）のどちらかを選択する。

それでも問題なのは土地や株です。これは必ずしも時間とともに価値が下がっていかないので、減価償却をすることはできず、買っても買っても費用はゼロ（！）です。

14 減価償却は入ってくるカネ

学習のポイント

減価償却費にはもう1つ大切な意味があります。これが本丸です。それは「入ってくるカネ」ということです。これがわかればキャッシュフローがわかります。

減価償却費の特徴は「払う相手のいない費用」ということです。77ページで例にあげた減価償却費で2年目の1000万円はどこにも払う相手がいません（買った時に5000万円払っている）。給与の支払いと比較してみます。

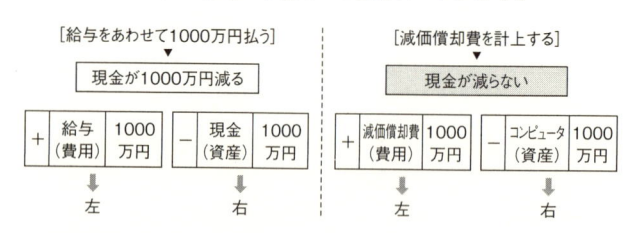

[給与をあわせて1000万円払う]

現金が1000万円減る

| + | 給与（費用） | 1000万円 | − | 現金（資産） | 1000万円 |

左　　　　　　　　右

[減価償却費を計上する]

現金が減らない

| + | 減価償却費（費用） | 1000万円 | − | コンピュータ（資産） | 1000万円 |

左　　　　　　　　右

実際に入ってくるカネをキャッシュイン、実際に出ていくカネをキャッシュアウトと定義します。

そのうえでP/Lで減価償却費を考えてみましょう。減価償却費は販売費・一般管理費の一部です（メーカーでは売上原価にも入っているので注意しましょう）。左のグラフでわかるとおり、売上原価、販売費・一般管理費（このデータの一部が減価償却費）、営業利益はすべて売上の一部（構成要素）です。

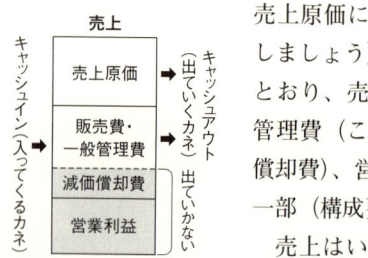

売上はいつか現金となって入っ

（左側の図：売上の構成）
キャッシュイン（入ってくるカネ） ← 売上
- 売上原価
- 販売費・一般管理費
- 減価償却費
- 営業利益

キャッシュアウト（出ていくカネ）／出ていかない

学習術その4
キャッシュフローがわかれば企業価値がわかる

てきます。「カネが入ってきてからすべてのカネを払う」と考えてみます。売上が現金として入ってきてから、売上原価を仕入先に、給与を従業員に……と払っていって、最後に利益が残ります（利益の一部は税金として出ていきます）。

利益は「入ってくるが出ていかないカネ」であり、減価償却費も同じです（減価償却費以外でも現金支出を伴わない費用なら同様です）。

ここでキャッシュフローを定義します。

> キャッシュフロー ＝ キャッシュイン（入金）－ キャッシュアウト（出金）

キャッシュフローは「ある期間に増減した現金の量」を表します。左下のグラフのP/Lで、在庫がなく、すべて現金取引していれば、「減価償却費と利益」の分だけ現金が増えています。つまりこの分がキャッシュフローです。

例えば先ほどのコンピュータを買った会社が、今期の売上10億円、売上原価7億円、販売費・一般管理費2億円（うち1000万円が減価償却費）で、在庫はなく、すべて現金で取引しているとします。利益は10億円－7億円－2億円＝1億円です。キャッシュインは10億円（売上）、キャッシュアウトは7億円（売上原価）と1億9000万円（販売費・一般管理費－減価償却費）で、この期のキャッシュフロー（現金増加分）は1億1000万円（利益＋減価償却費）となります（正確に言うと税金もキャッシュアウトするので利益は税引後利益）。

これで経営者がよく使う「回収」という言葉の意味がわかると思います。5000万円のコンピュータは、まず買った時に5000万円の現金が出ていき、毎年売上を通して1000万円ずつ現金（減価償却費）になって入ってきて、「5年間（耐用年数）で回収する」ということです。

15 キャッシュフローで経営を考える

学習のポイント

上場会社はキャッシュフローを計算して、有価証券報告書にその内訳をのせることになっています。そのためキャッシュフロー計算のやり方は標準化されています。
しかしこのキャッシュフロー計算書は細かすぎて、かえってその会社の実態がわからないといえます。キャッシュフローをアバウトに見れば経営が見えてきます。

その期の現金の増減額（＝キャッシュフロー）はB/Sを見ればわかります。「今期末現金残高－前期末現金残高」です。これをネットキャッシュフローといいます。しかし、これではどうやって増えたか減ったかがわかりません。この現金増減の内訳表がキャッシュフロー計算書です。この見方を説明します。

・営業キャッシュフロー（キャッシュフロー計算書には「営業活動によるキャッシュフロー」と書いてある）　営業キャッシュフローはビジネスによって増やした現金です。前項で述べたように税引後利益（有報のキャッシュフロー計算書では「税金等調整前当期純利益－法人税等の支払額」で求める）と減価償却費が中心です。

その他ここには「運転資本の増減」などが入っています。これは売掛金、買掛金、在庫などの増減です。P/Lの利益計算では現金の出し入れに関係なく処理しているので、調整が必要な項目です。ただ長い目で見れば、これはいつか現金になり、現金として支払います。だから一般ビジネスマンが見る時は、これらは無視してOKです。

学習術その4
キャッシュフローがわかれば企業価値がわかる

- **投資キャッシュフロー**（「投資活動によるキャッシュフロー」） 76ページのコンピュータの例では買った時（0年目）に、5000万円の現金が減っているのに費用が出ていません。そのため買った時にキャッシュフローを減らします。これが投資キャッシュフローであり、この値は基本的にはマイナス（買って現金が減る）です。このマイナスを取った値が一般にいう「投資額」です。「営業キャッシュフローー投資額」をフリーキャッシュフローといいます。
- **財務キャッシュフロー**（「財務活動によるキャッシュフロー」） 借金をすれば利益に関係なく現金が増え、借金を返せば現金が減ります。この借金や増資などのファイナンスによる現金増減を財務キャッシュフローといいます。

> ネットキャッシュフロー = 営業キャッシュフロー ー 投資額 + 財務キャッシュフロー

会社は増やしたカネをビジネスに使っていくところであり、長い目で、かつアバウトに見ると、このネットキャッシュフローは0(ゼロ)となります。

> 営業キャッシュフロー ー 投資額 + 財務キャッシュフロー = 0

上の式を変形すると次のようになります。

> 投資額 = 営業キャッシュフロー + 財務キャッシュフロー

投資のためのカネは、営業キャッシュフローをベースに、不足分は財務キャッシュフロー（借金、増資）で補うということを表しています。会社が成長していく姿です。

> 営業キャッシュフロー = 投資額 ー 財務キャッシュフロー

稼いだカネは投資し、それでも余ったら借金を返す（カネが減る）ということで、成熟した会社の姿です。

16 | 今のカネと将来のカネ

学習のポイント

カネ（キャッシュフロー）の価値は時間とともに変わります。この時間を考慮したものをディスカウントキャッシュフロー（略してDCF）といいます。

「『今日の100万円』と『1年後の100万円』のどちらか好きな方を取れ」と言われたら、すべての人が「今日の100万円」を取るでしょう。だから「今日の100万円」の方が「1年後の100万円」より価値が高いといえます。「今日の100万円」と「1年後の200万円」なら、多くの人は「1年後の200万円」でしょう。では1年後の180万円なら、160万円なら……とやっていくと、どんな人でも「どちらも同じ」というラインがあると思います（人によってその数字は違いますが）。

これが105万円なら、「1年後の105万円」は「今日の価値（現在価値という）にしてみれば100万円」となります。そのうえで「1年後の210万円」（105万円の2倍）はこの人にとって「今日の200万円」（100万円の2倍）と考えます。つまり現在価値を考える時の比率は一定と考えます（人によって数字は違いますが）。この比率のことを割引率（ディスカウントレート）といいます。

「1年後の105万円＝現在の100万円」では105万円÷100万円＝1.05と割り算で計算し、この小数点以下の0.05（5％）を割引率とします。2年後の105万円の価値は、1年後からさらに5％割り引き、105万円÷$(1.05)^2$≒95万円と考えます。つまり年あたりの割引率は一定と考えます。

学習術その4
キャッシュフローがわかれば企業価値がわかる

将来のキャッシュフローを、こうした考えで割り引いていくものがDCFです。

DCFは次のような分野で使われています。

- **投資計画**　DCFはもともと投資計画から生まれました。「A機械（投資額5000万円）、B機械（投資額3000万円）のどちらを買うか」といった時は、投資対効果を考えるでしょう。その"効果"にDCFを使います。

投資の効果としてのキャッシュフローはA機械、B機械を買うことにより増える利益、そして減価償却費です。しかし投資の効果は5年、10年と長期にわたります。そこでこれを割り引いてDCFとします。

割引率としては、機械を購入するために集めたカネの「年あたりのコスト」（借金なら金利）あたりが妥当なところです。

- **借金返済計画**　約20年前のバブル崩壊は企業の業績に大きなダメージを与えました。そして証券市場の外国人投資家などから「銀行はもう借金を返せなくなった企業からも返ってくることにして、成績を良く見せているのでは」と指摘されました。

そこで政府は銀行に対して「カネをたくさん貸している企業については返済計画を作りなさい」と指示し、これにDCFを採用しました。

ざっくりいえば次のような感じです。「期間を定め、その期間内にカネを貸している企業が生むフリーキャッシュフローで返済することとし、これを現在価値に割り引く（割引率は貸出金利など）。このDCFで返済できない分は『返ってこない』と考え、銀行が損したことにする」。これは不良債権処理とよばれました。

17 株価を企業の価値で考える

学習のポイント

上場会社にとって「自社の株価を上げる」ことは大切な経営テーマとなっています。しかし株価が証券市場の"せり"だけで決まっていると考えると、手の打ちようがありません。また投資家にとってもこれでは「相手がいくらと考えているか」という心理ゲームのようなものとなって、ギャンブル性が強すぎます。
株価決定に関して、ある程度のコンセンサスが求められます。これに用いられているものが企業価値です。

企業価値の出発点はM＆Aです。「その会社をいくらで買うか、売るか」というものです。この時、その金額を「100億円」「いやもう少し高く」とやっていくときりがありません。そこでこの「会社の値段」の標準的な算出方法を考えました。これが「企業価値」です。

まずは企業価値を現在の価値、つまり今、会社がビジネスをやめればいくら残るかというもので考えてみましょう。これは63ページで述べたように純資産分だけ残ります。これを解散価値といいます。

しかし一般に「会社を買う」時は、買って処分するのではなく、ビジネスを続けていきます。ビジネスを続ければカネが増えていき、買った方の会社がこのキャッシュフローを獲得できます。これは未来のキャッシュフローですのでDCFで考えます。しかし未来のDCFを永遠に足していくと無限大になってしまいます。そこで期間を決めて（例えば5年）、その間のDCFを計算し、5年後にこの企業を

学習術その4
キャッシュフローがわかれば企業価値がわかる

売却し、そのキャッシュフローを得ると考えます。これが企業価値です。

企業価値はざっと次のようなフローで計算されます。

対象期間を決める(5年)	→	5年間のフリーキャッシュフローを予測する(F_1〜F_5)		5年後の解散価値を予測する(L_5)
		5年間の税引後利益と減価償却費、投資額を予測		5年後の資産(時価)、負債を予測し、引き算

→ 割引率を設定(r) WACC(Weighted Average Cost of Capitalの略。加重平均資本コスト)を使うことが多い。企業が集めた資本の年あたりコストをその金額に応じて加重平均するもの

→ 企業価値(V)を計算

$$V = \frac{F_1}{(1+r)} + \frac{F_2}{(1+r)^2} + \frac{F_3}{(1+r)^3} + \frac{F_4}{(1+r)^4} + \frac{F_5+L_5}{(1+r)^5}$$

こうすればM&Aの時は、買う方と売る方が3つのことに合意すればよいことになります。5年間に生むキャッシュフロー、5年後の純資産、そして割引率です。

株の取引はいってみれば、株の単位に細かく切ったM&Aです。ただ上の場合と異なり、「買う方」と「売る方」は上の3点に合意するのではなく、「せり」で金額のみを即決します。

しかし株のマネーゲームにおいても、基本的な見方を統一しておかないと、あまりおもしろくありません。この見方として注目されているのが企業価値です。

投資家がそれぞれの上場会社の企業価値を計算し、現在の証券市場における価値(株式時価総額=現在の株価×発行済株数)と比較して高ければ「買い」、安ければ「売り」と考えるものです。一方、上場会社から見れば、自社の株価を上げるには、キャッシュフローを増やし、資産価値を高めていけばよいことになります。

常識トレーニングその2
業績のコメントに反論しよう

　自社、他社を問わず、業績はビジネスマンにとって興味の的です。そのためよく業績に対して意見が出されます。でも業績の仕組を理解している人はあまりいません。カネに関する常識を身につけたあなたは、「このまわりの意見」にキレのあるコメントをしてみましょう。

「うちの会社、今期赤字だって。つぶれないかな」
➡「赤字といったって、ほとんど特別損失だろう。営業利益ベースでは黒字だし、営業キャッシュフローは去年より増えている。営業利益のダウンは減価償却費の増加が響いてるんだろうけど、投資した資産はエクイティファイナンスで得たカネでもう支払っているんだし、むしろ体力増加だろう。大体、借入金がほとんどないうちの会社が倒産するわけないでしょ」

「うちの会社、資本金が1000億円もあるのか。知らなかったよ。そんなにカネがあるなら給料にまわしてくれればいいのに」
➡「資本金って元手のことだよ。だからもう全部使ってしまったカネなんだよ。魚屋でいえば始めた時に親に出してもらったカネだよ。魚屋のショーケースやなんかになっちゃったんだよ。うちの会社でいえば工場を作った時などに使っちゃったものだよ」

「P/L見てて思ったんだけど、税金ってこんなに高いの？当期純利益が100億円で、法人税やなんやかやで税金を80億円も払っているよ。税金ってほとんど利益にかかるんでしょ。税率って80％もあるのかなあ」
➡「税金の世界ではもうけのことを所得というんだけど、会社の利益計算のやり方と所得計算のやり方が違うんだよ。税率は大体40％くらいだから、税金の世界ではうちのもうけは200億円くらいと計算してるんだろう」

第3章 モノに関する常識

■ 学習のベクトル
モノに関する知識は生産、流通、マーケティングといった形で分類されていますが、これをマーケティング1本で考えます。マーケットの時代変化を考えれば、マーケティングを体系的に理解できます。

■ 学習術その1 ....
マーケットの立ち上がり時は生産性と品質がテーマ
マーケットの立ち上がり時は、モノを作るスピード(生産性)と出来具合(品質)がテーマです。生産性は"同期化"、品質は"測定"がポイントです。

■ 学習術その2 ....
競争マーケティングの用語はビジネスでよく使われる
マーケティングは競争マーケティングから流通マーケティング、そしてカスタマーマーケティングへとシフトしていきます。しかし競争マーケティングで生まれた用語やその考え方は、ビジネスの常識として残っています。

■ 学習術その3 ....
流通は何が変化しているかを知る
日本の流通は大きく変化しています。そのポイントは「日本的流通構造の崩壊」「カンバンとロジスティックス」「在庫理論の浸透」です。この3つがわかれば流通が見えます。

■ 学習術その4 ....
現代マーケティングはアライアンスとカスタマー
現代のマーケティングは競争からアライアンスへと変化し、その目はカスタマー(顧客)へと向かっています。

01 マーケットの変化をとらえる

学習のポイント

マーケティングの定義は「マーケットについて考えること」です。マーケットには商品、売り手、買い手、流通という4つの要素があり、その主役が次々と変化していきます。どんなマーケットも変化するスピードは違いますが、同じような変化をします。

1 生産の時代 全く新しい商品を開発した企業（売り手）は買い手を探します。そのために商品の機能、使い方などさまざまな情報を発信します。これを商品認知といいます。これによって商品の買い手が見つかると、この商品を中心としたマーケットが生まれます。ここまでの売り手の行為をマーケット開発といいます。

開発されたマーケットには多くの売り手が参入してくる可能性があるので、マーケットを開発する売り手は「他の売り手が何とか参入できないように」と考えます。これを参入障壁といいます。特許などがその代表ですが、基本は「どんどん作って生産性を上げて、コストを下げ、かつ品質を高め、他社が参入しづらくすること」です。

2 売り手競争の時代 しかしマーケットが拡大すると、必ず他の売り手が参入してきます。次第に売り手の目は商品、買い手からライバルの売り手へと向かい、売り手間の熾烈な戦いが始まります。この競争に勝つための手法として競争マーケティングという手法が生まれます。

3 流通の時代 小売業、卸売業、販売会社といった流通業は、売り手競争の時代に「売り手の商品を小分けして、

学習術その1
マーケットの立ち上がり時は生産性と品質がテーマ

消費者など買い手へ販売する場」として生まれます。これが110ページで述べるチャネルです。

　売り手競争が激化していく中で、複数の売り手から出てくる多種類の商品がマーケットを行き交うようになり、買い手は何を買ってよいかわからなくなります。ここに売り手によって作られた商品の「置き場」「売り場」ではない「プロの流通業」が誕生します。マーケット内にある商品をプロとして分析し、買い手のために厳選した商品を取り揃え、必要とする商品をタイムリーに提供していくものです。つまり「買い場」です。消費者向け商品の百貨店、スーパー、コンビニがその代表例です。

4 買い手の時代　プロの流通業によって、売り手の競争は激しさを増します。店舗の棚に自社商品を置いてもらうために各メーカーが必死になって戦うといったことです。一方、プロの流通業同士の戦いも激しさを増します。

　次第に消耗戦となり、皆が体力を失っていきます。そしていつの間にか戦争をやめて手を握るようになり、自然に1つのところに目が行くようになります。それが買い手（顧客）です。こうしてカスタマーマーケティング（顧客マーケティング）が主流となっていきます。

　本章ではこの4つの時代ごとに、モノに関する常識を整理します。

　マーケティングはメーカーという売り手が出発点です。そのため商品（マーケットにあるモノ）ではなく、製品（メーカーが作るモノ）という用語が使われてきました。本書ではこれを商品という言葉で統一します。

第3章　モノに関する常識

02 | 同期化して生産性を上げる

学習のポイント

生産の時代のテーマは生産性と品質(次項)です。生産性は「生産するスピード」と考えればOKです。
この生産のスピードを上げる努力のことを合理化といいます。
合理化の基本は標準化(Standardization)、単純化(Simplification)、専門化(Specialization)という3Sです。

商品の売り手企業であるメーカーは、合理化のために工場内の人手作業を次々と機械化していきます。しかし機械化がいくら進んでも、人間の仕事は残ります。機械化が一段落すると、合理化の目はこの人手作業に向けられ、3Sによって流れ作業へと向かっていきます。

流れ作業とは、仕事をその時間的な流れでいくつかの工程に切り、各工程を複数の人が分担してやっていくものです。流れ作業にすると「作る人」が一直線に並ぶので生産ラインといわれます。

流れ作業では、右上の図のように工程ごとに作業時間が異なると、もっとも遅い工程(同図・上側でいえば工程2。ボトルネック工程という)に仕事がたまってしまいます。

そうなるとこの生産ラインの生産性はボトルネック工程の生産性(30分)に合ってしまいます。そのためすべての工程を同じ作業時間にすることが求められます。これを同期化といいます。

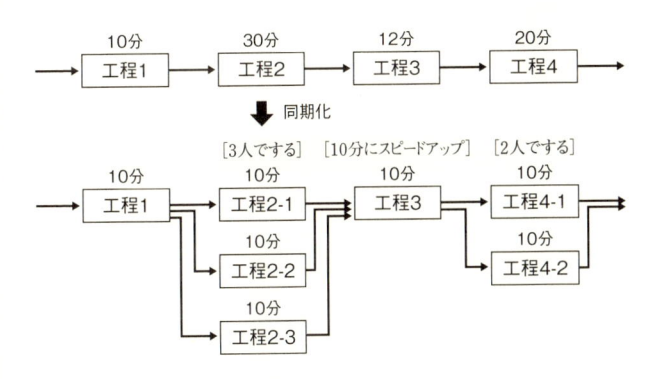

学習術その1
マーケットの立ち上がり時は生産性と品質がテーマ

```
        10分        30分        12分        20分
  →  [工程1]  →  [工程2]  →  [工程3]  →  [工程4]  →
               ↓ 同期化
              [3人でする]  [10分にスピードアップ]  [2人でする]
        10分        10分        10分        10分
  →  [工程1]  →  [工程2-1]  →  [工程3]  →  [工程4-1]  →
                    10分                      10分
                 [工程2-2]                 [工程4-2]
                    10分
                 [工程2-3]
```

　同期化のために各工程の作業時間が測定されるようになり、これをベースとしてさまざまな作業改善がなされます。こういった技術をIE（インダストリアル・エンジニアリング）といいます。

　IEは19世紀末のアメリカで生まれました。この頃、産業革命によって工場の機械化が進み、次々と新商品が誕生し（マーケットが開発され）、逆に労働力不足となっていきました。これを受け、能率運動（生産性という定義がまだなく、efficiency：能率とよんでいた）が起こり、その成果をテイラーが『科学的管理法の原理』という本にまとめました。その後ギルブレス（サーブリッグ記号という「作業の記号化」で有名）、ガント（ガントチャートというタイムスケジュール技法で有名）といった人たちが次々とアイデアを出し、これがIEとしてまとまっていきました。

　IEは工場などの生産現場だけでなく、物流、サービスオペレーション（顧客へのサービス業務）、事務作業などヒトが行うあらゆる仕事に適用されています。

03 品質は数字

学習のポイント

品質とはファジーな言葉であり、よく定義されずに使われています。
まずは品質という言葉の範囲です。経営品質、サービス品質という使い方もしますが、ここではメーカーが生産する商品について考えてみましょう（あとは「推して知るべし」です）。

　生産は設計（作り方を考える）、調達（作るのに必要なモノを集める）、製造（作る）という3つの仕事に分かれます。
　ここで品質を次のように定義します。

$$品質 = \frac{商品機能}{設計仕様} \leq 1$$

　設計仕様とは、その商品を「このように作ろう」とメーカーが設計したものであり、重さ、スピード、健康寄与度、おいしさ……といった複数の項目から成ります。これらは数字で表す必要があります。
　数字に表せないものはありません。一般に数字に表す前の状態を実体といいます。実体とその数字がぴったりと合っているかどうかは別の話です。合っていなかったら、合うように数字を調整していくしかありません。「おいしさ」だって「すごくおいしい」5、「おいしい」4、「普通」3、「少しまずい」2、「まずい」1とすれば、もう数字です。これを数量化といいます。
　製造という仕事は、この設計仕様どおり作ることが使命です。しかし必ずしも設計仕様どおりに製造することはで

学習術その1
マーケットの立ち上がり時は生産性と品質がテーマ

きません。設計仕様の各項目に対して、実際に製造された商品の状態を「商品機能」と表現します。

これでやっと品質が定義できます。「品質とは商品がどれくらい設計仕様どおりに作られているか」を表す数字です。

「商品機能＝設計仕様」となっている状態を絶対品質といい、この時の品質を「1」とします。一方、作る前は商品機能はないので「0」です。したがって品質は0から1の数字となります。

商品機能は「設計仕様×品質」となります。これに前項の合理化（いかに安く作るか）を組み合わせたものが商品価値であり、次のような式になります。

$$商品価値 = \frac{商品機能}{コスト} = \frac{設計仕様 \times 品質}{コスト}$$

さらにこの商品価値から、今はやりの顧客満足度を考えてみます。満足"度"というくらいなので、顧客それぞれに絶対満足（商品に満点をつける状態。もちろん人によって違う）という状態があるはずです。絶対満足は複数の項目から成り、重さ、スピード、健康寄与度、おいしさ……といった設計仕様項目と同じになるはずです。したがって顧客満足度は次の式で表せます。

$$顧客満足度 = \frac{商品価値}{絶対満足} = \underbrace{\frac{設計仕様}{絶対満足} \times \frac{品質}{コスト}}_{商品価値}$$

顧客が満足するであろう設計仕様を考え、高品質で低コストの商品を作ることが生産のテーマです。

04 品質管理は「測る」こと

学習のポイント

品質に関するすべての仕事を品質管理といいます。これは品質測定（品質を測る）と品質向上（品質を上げる）の2つに分けることができます。

1 品質測定　品質測定の世界では不良品という言葉を使います。直感的には、不良品は「設計仕様どおりに作られていないもの」と考えがちです。そうなると「長さ10cm」と設計したら10cm以外のモノはすべて不良品となります。しかし正確に長さ（品質）を測ることはできませんし、「ちょうど10cm」に作ることなどできません（長さは連続数であり、ジャスト10cmになる確率はゼロ。わからない人はゼロと納得してください）。つまり絶対品質（93ページ）のモノは作ることができません。

これではすべて不良品となってしまうので、「長さを測定してみて9.99〜10.01cmの間なら良品とする」とします。これを許容、その範囲を許容範囲、許容範囲を超えてしまうことを異常といいます。不良品とは「いくつかの設計仕様のうち1つでも異常のあるモノ」、良品とは「1つも異常のないモノ」となります。

許容には測定ミスなどによって、第1種の誤り（良品を不良品と判断してしまうこと）、第2種の誤り（不良品を良品と判断してしまうこと）という2つの誤りが起こります。

2 品質向上　品質向上とは、「品質測定で発見された不良品の異常を取り除くこと」となります。品質向上にはコス

学習術その1
マーケットの立ち上がり時は生産性と品質がテーマ

ト（時間）がかかり、かつ絶対品質の商品を作ることはできません。そのため品質向上では、下図のように品質を上げていって（異常を発見、除去する）、許容範囲に入ったらそこで仕事をやめ、その商品を出荷します。

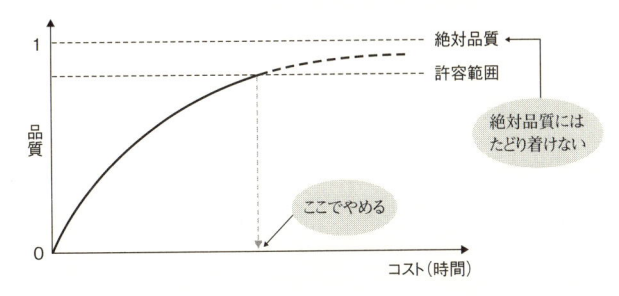

このように品質向上の度合をチェックするために、異常を発見し、不良品・良品の判定を行っていく品質測定を一般的には検査（テスト）といいます。検査を終えると、「その商品は許容範囲に入っている」という品質を保証することになる（許容範囲の品質に達している）ので、これを品質保証といいます。

品質管理という仕事は次のようなイメージとなります。

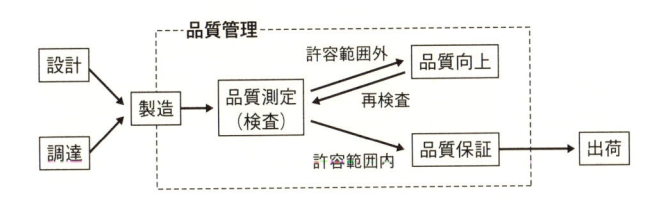

第3章 モノに関する常識

05 ゲームと戦争をマーケティングに

学習のポイント

競争マーケティングには、過去のさまざまな理論やモデルが取り入れられました。代表的なものがゲームの理論と戦争システムです。

1 ゲームの理論 ゲームを数学的に考えていくものです。ゲームの理論の中で、マーケティングをはじめとする経営によく使われるのは次のような用語です。

- **囚人のジレンマ** 次のような状況を考えます。

> A、B2人が共犯の疑いで警察に逮捕されており、それぞれ別の取調室で事情聴取されている。
> 証拠はなく自白だけが頼りである。
> ・2人とも自白しないと、このまま1年間拘留
> ・2人とも自白すると、2人とも5年の刑
> ・どちらかが自白すると、自白した方は釈放、しない方は10年の刑となる

Aから考えてみます。「Bが自白すれば」、自分が自白すると5年、自白しないと10年の刑です。したがって自白すべきです。「Bが自白しないとすれば」、自分が自白すると釈放、自白しないと1年間の拘留です。したがって自白すべきです。つまりBが自白しようがしまいが、Aは自白すべきです。一方、Bも同じことを考え、ともに自白してゲームは結着します。

両者の最大の幸福「ともに自白しない」はA、Bが賢ければ選択されないことになります。

A社とB社が価格の値下げ競争をしています。ともに値下げしないと一番幸せです。片方だけ下げると下げた方が

学習術その2
競争マーケティングの用語はビジネスでよく使われる

ハッピー、下げない方は最悪、ともに下げると両者の利益の和が下がります。さあゲームの結着は？

- **協力ゲーム** 囚人のジレンマのようなものを非協力ゲーム（AとBが協力しない）といいます。協力ゲームなら、「両者の最大の幸福」がゲームの結着です。これが118ページで述べるアライアンスです。

- **ゼロサムゲーム** プレイヤーの利益の和が、いつもゼロ（または一定）のものです。A社とB社の売買取引などはゼロサムゲームです。A社が商品を100円安くB社に売れば、A社は100円損し、B社は100円得します。

❷ 戦争システム 戦略という言葉でわかるように、戦争システムは競争マーケティングのみならず経営全般に取り入れられています。マーケティングでもっとも有名なのがランチェスター戦略です。これは第1次世界大戦においてイギリスのランチェスターが戦争を構造的にとらえたものです。この中でビジネスでよく出てくるのが次の戦略パターンであり、後のマーケティングに大きな影響を与えました。

- **弱者の戦略**…差別化（強者に負けているものは捨て、勝っているものを強化する）し、局地戦（全部勝とうとしないで、勝てるところだけを勝つ）で戦う。

- **強者の戦略**…相手に差別化させず（対抗商品をすべて用意するなど）、広域戦（すべて勝つ）で戦う。

ランチェスター戦略とともに戦争理論で有名なのが「孫子の兵法」です。これは「天の利、地の利」「風林火山」といった言葉や「敵を知り、己を知れば百戦危うからず」といった"格言"で有名です。

06 競争マーケティングの原点

学習のポイント

競争理論としては、アメリカの経営学者ポーターの提唱した競争要因、競争戦略パターンの2つが有名です。
同じくアメリカの経営学者コトラーはマーケティングを学問として体系化したことで有名です。日本では彼を「マーケティングの神様」とよんでいます。彼は競争に関しては「競争地位戦略」というものを提唱しました。

1 ポーターの競争要因　マーケットの売り手の競争状態は次の5つの要因（ファイブフォースという）で決まるとしています。

- **売り手のライバル関係**　売り手の数、規模、力、戦略の質などによって決まる。数が多く、規模や力は同じで、戦略が同質の時に競争は激しくなる。
- **買い手の交渉力**　買い手の力が強いと競争は激しくなる。売り手の競争は買い手に幸せをもたらす。
- **供給企業の競争**　仕入先、部品や資材の供給企業の力が強いとやはり競争は激しくなる。
- **新規参入のリスク**　参入障壁（88ページ）が高いと競争はあまり激しくならない。
- **代替品のリスク**　同じ機能を持つ代替品が生まれると競争が激しくなる。

2 ポーターの競争戦略パターン　競争するうえでの戦略を次の3つのパターンに分けています。

- **コストリーダーシップ戦略**　商品の機能、品質ではなく、価格を前面に出して戦っていく。

学習術その2
競争マーケティングの用語はビジネスでよく使われる

- **差別化戦略** 自社商品が他社とは異なる点を強調していく。ブランド戦略、高価格戦略を取ることが多い。
- **集中化戦略** 限られた顧客や商品に集中的に投資して、そこでコストリーダーシップ、差別化のいずれかを取る。

3 コトラーの競争地位戦略 ポーターの競争戦略パターンとよく似ているのですが、シェア（120ページ）に着目して競争を考えています。リーダー、チャレンジャー、フォロワー、ニッチャーという言葉がビジネスでよく使われます。

- **リーダー戦略** トップシェアとなったマーケットリーダーが取る戦略。ランチェスター戦略でいう強者の戦略（97ページ）を取る。
- **チャレンジャー戦略** トップではない企業の戦略にはチャレンジャー、フォロワー、ニッチャーという3つの選択肢がある。このうちチャレンジャーとはリーダーに戦いを挑むもの。トップシェアを目標とし、リプレース（他社の顧客を自社の顧客とする）を戦略の柱とする。
- **フォロワー戦略** リーダーが強すぎて戦えない時、あるいは自らが戦いを望まない時はフォロワーまたはニッチャーを取る。フォロワーとはリーダーが成功しているコンセプトをコピーして、場合によっては少し差別化して、マーケットが小さすぎるなどの理由でリーダーが取りづらい顧客、商品を拾っていくもの。
- **ニッチャー戦略** リーダーとは異なるコンセプトを持ち、リーダーとは戦わずに独自のマーケット（これをニッチという）を作り上げるもの。

07 成長ベクトルを考える

学習のポイント

アメリカの経営学者アンゾフは、メーカーが成長していく方向（成長ベクトルという）には拡大化と多角化の2つの道があると整理しました。さらに拡大化戦略を下図のように3つのパターンに分けました。これをアンゾフモデル（商品市場マトリクス）といいます。

市場＼商品	既存商品	新商品
既存市場	市場浸透戦略　拡大化戦略	商品開発戦略
新市場	市場開発戦略	多角化戦略

1 拡大化戦略

- **市場浸透戦略** 既存市場（現在の顧客）にとどまって、既存商品の売上を伸ばし、シェアを高めていくというものです。既存顧客の需要を伸ばすか、同一市場内で新たな顧客を獲得していかなければなりません。そのために価格の変更、プロモーションの強化、チャネル（110ページ）の拡大、リプレース（99ページ）などを行います。
- **市場開発戦略** 既存商品を全く新たな市場へと展開していく戦略です。「国内市場から海外市場へ」、「ヤングマーケットからシルバーマーケットへ」といったものです。
- **商品開発戦略** 既存市場にとどまって、新商品を開発、提供して、拡大を図るものです。リーダーがこれを取ると、全く新しい商品というよりも既存商品の多様化が多く、市場浸透とあわせて行われる典型的な戦略です。ニッチャーが行うと、多くの場合ユニークな商品が多く、リー

ダー商品と市場に共存する形で次第に"すみ分け"されていきます。

2 多角化戦略 商品、市場の両者において既存のものとは異なる分野へ進出するものです。多角化では既存商品、既存顧客とのシナジー（相乗効果）がポイントであり、次の3つの視点から考えます。

- **多角化の動機** 「なぜ多角化するのか」が第1の視点です。主力商品の落ち込み（主力商品の収益向上というシナジーも求める）、収益の安定（「スキー場を夏はキャンプ場に」といったもので、既存顧客にシナジーを求めることが多い）、リスク分散（「特定の取引先にかたよっていると危険なので新たな事業を考える」といったもので、既存商品にシナジーを求めることが多い）、余剰資源の活用（商品の元となる経営資源にシナジーを求める。近年では合理化で余剰となったヒトの活用が多い）といったものがあります。

- **多角化の方向** 水平的多角化（既存顧客と似たような新規顧客に新商品を提供。既存顧客にシナジーを求める）、垂直的多角化（取引先の業務を自らがやる、小売がメーカーへ進出など。既存商品にシナジーを求める）といった多角化の方向が第2の視点です。

- **多角化の度合** 商品、顧客にどれくらい新規性があるかということが第3の視点です。拡大化に近い多角化を同心円的多角化（シナジーを得やすい）、全くの多角化をコングロマリット的多角化（シナジーを得にくい）といいます。

08 マーケティングの4P

学習のポイント

マーケティング戦略といえば、最初に出てくるのが4Pです。「マーケティングではProduct（何を売るか）、Price（いくらで売るか）、Place（どこで売るか）、Promotion（どうやって売るか）の4つのPを考える」というゴロ合わせです。この4Pを組み合わせていくことをマーケティングミックスといいます。

1 Product戦略 Productはさらにブランド（商品を識別するもの。商標）、商品機能（93ページ）、パッケージング（デザイン、包装など商品の外観）、アフターサービス（商品購入後の対応）の4つに分けて考えます。これをプロダクトミックスといいます。

Product戦略の基本はブランド戦略であり、次図のような4パターンに分けて考えるのが一般的です。

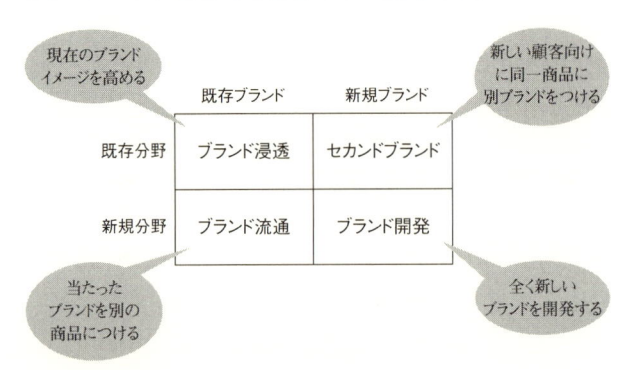

	既存ブランド	新規ブランド
既存分野	ブランド浸透	セカンドブランド
新規分野	ブランド流通	ブランド開発

- 現在のブランドイメージを高める
- 新しい顧客向けに同一商品に別ブランドをつける
- 当たったブランドを別の商品につける
- 全く新しいブランドを開発する

近年ではメーカーだけではなく、流通業でもブランド戦略が考えられています。その基本はナショナルブランド

(NB:大手メーカーが作り、テレビコマーシャルもしている全国的に有名なブランド)、プライベートブランド(PB:その流通業独自のブランド)、ジェネリックブランド(無印、ノーブランドともよばれ、ブランドをつけないもの)といった形でブランドを考えることで、ブランドミックスと表現されます。

2 Price戦略　次のようなものが有名です。

- **価格決定基準**　何を販売価格のベースとするかというもので、マーケットの進化に合わせて次のような基準が取られる。コストプライス法(商品の原価が基準。生産の時代)、ライバルプライス法(ライバル価格で考える。売り手競争の時代)、流通プライス法(流通業が決定。流通の時代)、マーケットプライス法(顧客の値ごろ感を考える。買い手の時代)に分けられる。またマーケット全体の販売価格のベースとなる企業のことをプライスリーダーという。

- **新商品の価格設定**　スキミングプライス(上層吸収価格戦略。最初は高く売って徐々に下げていく)、ペネトレーションプライス(浸透価格戦略。最初から思い切った低価格で一気に顧客獲得)がある。

- **価格戦略の例**　均一価格(全部同じ価格。100円均一)、ロープライス保証(「他店よりも高いと返金します」)、端数価格(端数をつけて割安感。980円)、名声価格(あえて高価格にして高級品イメージを出す)などがある。

3 Place戦略　流通業を通して売る戦略のことです(110ページ)。

4 Promotion戦略　次項参照。

09 プロモーションのパターン

学習のポイント

プロモーションはProduct、Price、Place以外のマーケティングをいいます。プロモーションの分野は大きく、次の3つの分野に分けられます。これを組み合わせていくことをプロモーションミックスといいます。

1 コミュニケーションによるプロモーション 売り手企業から顧客へ情報を渡すことによって、商品の購買を促すものです。プロモーションの主流です。

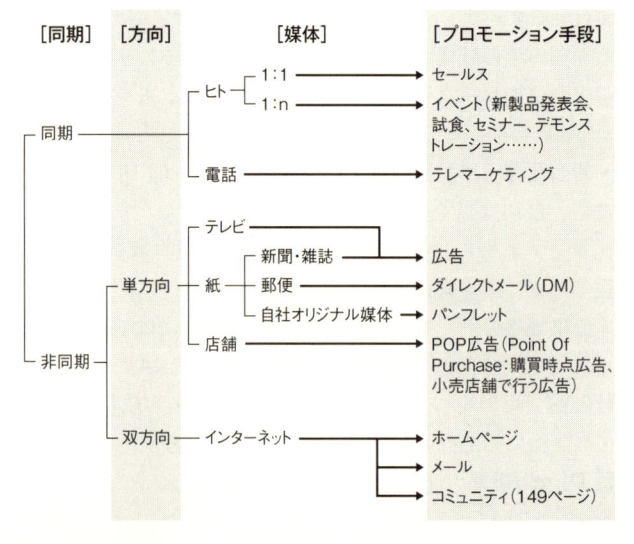

[同期]	[方向]	[媒体]	[プロモーション手段]
同期	ヒト	1:1	セールス
		1:n	イベント(新製品発表会、試食、セミナー、デモンストレーション……)
	電話		テレマーケティング
非同期	単方向	テレビ	広告
		新聞・雑誌	広告
	紙	郵便	ダイレクトメール(DM)
		自社オリジナル媒体	パンフレット
	店舗		POP広告(Point Of Purchase:購買時点広告、小売店舗で行う広告)
	双方向	インターネット	ホームページ
			メール
			コミュニティ(149ページ)

コミュニケーションは同期と非同期(178ページ)に分けることができます。非同期はさらに単方向(売り手→顧客)、双方向(売り手↔顧客)に分けられます。

104

学習術その2
競争マーケティングの用語はビジネスでよく使われる

　これとコミュニケーション媒体を組み合わせてプロモーション手段を分類すると左図のようになります。

　一方プロモーション手段で分けると、セールス、伝達（テレマーケティング、DM、パンフレット、メール）、広告（テレビ・新聞・雑誌への広告、POP広告、ホームページ）、広場（イベント、インターネット上の広場であるコミュニティ）となります。

2 プレミアムプロモーション　特定顧客に対して特定のサービスを行うものです。ノベルティ（おまけ）、ディスカウント、ポイントサービスなどがあります。

3 購買行動分析　プロモーションの世界では以前から顧客の購買行動（どうやって買うか）の研究がされてきました。その中でもっとも有名なのがAIDMAという購買行動理論です。これは顧客が商品を買う時、次のようなプロセスを取るというものです。

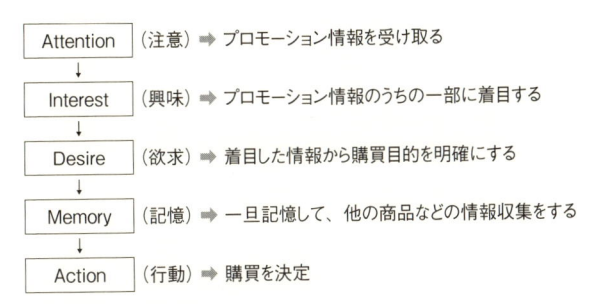

Attention	（注意）→ プロモーション情報を受け取る
Interest	（興味）→ プロモーション情報のうちの一部に着目する
Desire	（欲求）→ 着目した情報から購買目的を明確にする
Memory	（記憶）→ 一旦記憶して、他の商品などの情報収集をする
Action	（行動）→ 購買を決定

　AIDMAはMemory（一旦その企業のプロモーションが止まる状態）を境にして、2つに分かれます。前半をアプローチ、後半をクロージングといいます。さらに近年ではクロージング後にプロモーションを行い、くり返し購買（リピートという）を図ることが注目されており、これをフォローアップといいます。

10 ポートフォリオを考える

学習のポイント

競争マーケティングの戦略立案法としてもっとも有名なものが、ボストン・コンサルティング・グループが考えたPPM (Product Portfolio Management) です。ポートフォリオとは「紙ばさみ」のことで、数多くある"要素"を紙ばさみで綴じるという意味です。
PPMは自社商品を4つに分類して（綴じて）、マーケティングコストのかけ方を考えるものです。
このポートフォリオ分析はマーケティングのみならず、戦略立案で広く使われています。

PPMではすべての商品（特定の商品ではなく、マーケット内の商品全体）が下図のようなライフサイクル（商品が誕生してから死んでいくまで）を取り、4つの時代に分かれることを前提としています。

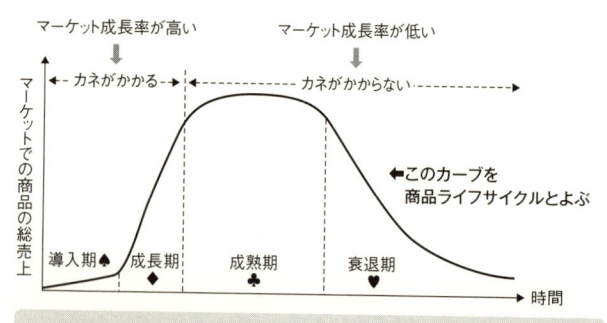

```
マーケット成長率が高い          マーケット成長率が低い
    ↓                              ↓
←--カネがかかる--→ ←-------カネがかからない-------→

                                    ←このカーブを
                                     商品ライフサイクルとよぶ

導入期♠  成長期♦   成熟期♣   衰退期♥
                                              → 時間
```
（縦軸：マーケットでの商品の総売上、横軸：時間）

- ♠ 商品が出たばかりなので誰も知らない。商品認知にカネがかかる
- ♦ 売れ始める。ライバルが参入し、差別化競争となり、プロモーションにカネがかかる
- ♣ シェアを取れなかったメーカーが撤退していく。プロモーションにカネをかけなくても売れる
- ♥ 売上が下降し始める。もちろんカネをかけない

学習術その2
競争マーケティングの用語はビジネスでよく使われる

　PPMでは自社の商品を2つの軸で4つに分類します。たて軸のマーケット成長率は、マーケットの魅力度（＝「競争の激しさ」）、横軸の自社シェアは「競争の結果」を表しています（図の＋、－はキャッシュフロー）。

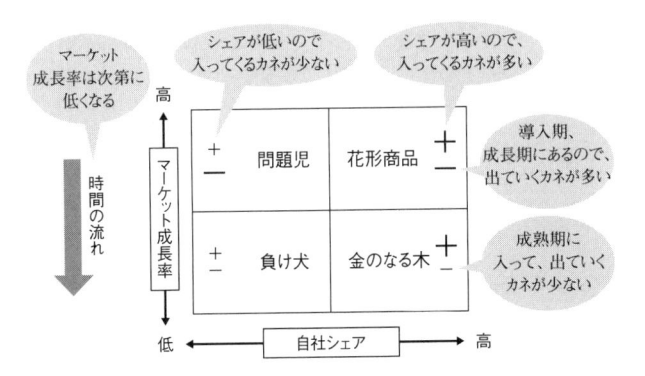

- マーケット成長率は次第に低くなる
- 時間の流れ
- シェアが低いので入ってくるカネが少ない
- シェアが高いので、入ってくるカネが多い
- 導入期、成長期にあるので、出ていくカネが多い
- 成熟期に入って、出ていくカネが少ない

	問題児 ＋	花形商品 ＋＋
	負け犬 ＋－	金のなる木 ＋＋－

マーケット成長率／自社シェア　低←→高

　この4つの商品グループに対して、次のようなマーケティング戦略のベクトルを提案しています。

- **金のなる木**　もっとも利益を出す商品なので、その延命を図る。ここで稼いだカネを次期金のなる木、つまり花形商品へつぎ込む。
- **花形商品**　ここにカネをつぎ込み、早くマーケットを成熟期にして(これを「マーケットの飽和」という)、早く金のなる木にする。
- **問題児**　「もっとカネをつぎ込み、シェアを取って花形商品にする」か、「傷の浅いうちに撤退」を選択。
- **負け犬**　撤退する。

11 成功シーンをイメージする

学習のポイント

競争マーケティングがもたらした成果に、SWOT分析があります。これは極めて単純な考え方であり、マーケティング戦略というよりも「競争型の経営戦略立案法」として広く使われてきました。
しかし近年では「競争の勝利」のためではなく、自社のサクセスシーンを描くという目的で使われることも増えています。

SWOT分析とは自社の経営資源(20ページ)を「強み」(Strength)と「弱み」(Weakness)、経営環境を「機会」(Opportunity)と「脅威」(Threat)に分けて、マトリクス図に表したものです。

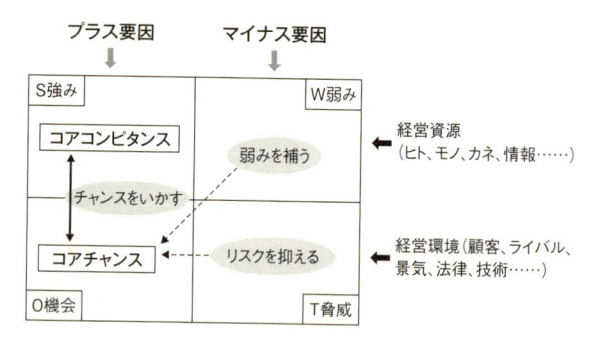

```
        プラス要因        マイナス要因
           ↓                ↓
┌─────────────────┬─────────────────┐
│ S強み            │            W弱み │
│                 │                 │
│ コアコンピタンス  │   弱みを補う     │  ← 経営資源
│                 │                 │    (ヒト、モノ、カネ、情報……)
│   ↕ チャンスをいかす              │
│                 │                 │
│ コアチャンス ←‐‐ リスクを抑える   │  ← 経営環境(顧客、ライバル、
│                 │                 │    景気、法律、技術……)
│ O機会            │            T脅威 │
└─────────────────┴─────────────────┘
```

「強み」の中で「他社にはまねのできない経営資源」をコアコンピタンス(20ページ)、「機会」の中でもっとも重要なものをコアチャンスといいます。この2つが結びついてその企業が成功するシーンのことをCSF(Critical Success Factor:主要成功要因)といいます。

学習術その2
競争マーケティングの用語はビジネスでよく使われる

CSFが見つかったら、次に「何をもって成功と定義するか」という目標を決めます。これをKGI（Key Goal Indicator）といいます。

さらにこのKGIまでの"道のり"を考え、途中段階での達成状況をどうやって測るかを考えます。これをKPI（Key Performance Indicator）といいます。

SWOT分析の後には、バランススコアカード（BSCと略す）という手法が用いられることがよくあります。これは戦略をカネ、顧客、仕事、未来という4つの視点で考え、下図のようなカード形式にまとめるものです。BSCでは、この4視点について経営サイドから現場のチームまで各レベルで作成します。

経営サイドのバランススコアカード

	項目	CSF（成功しているシーン）	重点戦略（成功までの道のり）	KGI（成功をどうやって測るか）
カネについて→	財務			
顧客について→	顧客			
仕事について→	ビジネスモデル			
未来について→	変革			

Aチーム　　　　Bチーム　　　　Cチーム……

項目	CSF（自らのチームが成功しているシーン）	重点戦術（成功までの道のり）	KPI（その成功をどうやって測るか。チームごとの遂行目標を作る）
売上・利益			
顧客			
実行計画			
明日への教育			

Bチームのバランススコアカード

12 日本的流通構造の崩壊

学習のポイント

4PのPlaceはチャネルのことです。チャネルとは特定メーカーの商品を顧客に届ける「経路」のことです。
一方、流通構造とはこのチャネルの集合体であり、社会全体として商品が消費者へ届く「仕組」のことです。日本の流通構造はここ20年で大きく変化しています。

　流通構造は自然発生的に生まれるものではありません。商品を最初に開発した売り手メーカーが自らのチャネルを作り、後から参入するライバルもこれにならいます。このように各メーカーがチャネルを自ら作っていくことをVMS（Vertical Marketing System）といいます。

　次第に各メーカーのVMSは錯綜し、プロの流通業（89ページ）が誕生して、流通構造を変革していきます。しかし日本ではアメリカに比べこの進化が遅く、特に消費財（消費者向けの商品）ではVMSの時代が長く続いていました。そのため外国メーカーの日本マーケットへの参入が難しく、輸出大国なのに、輸入に関しては閉鎖的な日本的流通構造と非難されました。

　日本的流通構造の要素は次の3つであり、メーカーとチャネルが一体となって販売するものです。
- **建値（たてね）**　流通の各段階の取引価格（メーカー⇒卸⇒小売⇒消費者）を実質的にメーカーが決定する。消費者への販売価格をメーカー希望小売価格という。
- **リベート**　メーカーから卸売業、小売業へ払われるカネのこと。販売支援金、販売援助金などといわれる。

学習術その3
流通は何が変化しているかを知る

- **返品** 小売業、卸売業からメーカーへの返品を認める。

　これらのVMSはある意味で競争を妨げるともいえます。この「競争を妨げる行為」を禁止しているのが、独占禁止法（独禁法）という法律です。独禁法では次のような行為を、お目付け役である公正取引委員会（略して公取委）が「不公正取引」と指定し、禁止しています。

不公正取引	内容
共同の取引拒絶、その他の取引拒絶	特定企業を村八分、取引しない、させない
差別対価	地域、相手で価格を変える
取引条件等の差別取扱い	どんなケースでも同一条件・同一取引を守れ
事業者団体の差別取扱い等	組合で特定企業を排除
不当廉売、不当高価購入	極端に安く売る、極端に高く買う
ぎまん的顧客誘引	優れているかのように見せる
不当な利益による顧客誘引	ライバルの顧客を取る
抱き合わせ販売等	これと一緒に買ってくれ
排他条件付取引	ライバルと取引しないなら取引する
再販売価格の拘束	買い手がさらに売る（これが再販売）価格を、売り手が拘束する
拘束条件付取引	その他、取引に条件をつけること
優越的地位の濫用	取引先に対して自社が優越（強い立場の状態）していることを利用して、商慣習(ビジネスルール)にはないようなことを要求する
競争者に対する取引妨害・内部干渉	ライバルのじゃま。ライバルにああしろこうしろと干渉する

上記の不公正取引にはすべて「正当な理由なく」「不当な」が頭につく。

　公正取引委員会がこの「不公正取引」の適用を厳格にしていくことで、日本的流通構造は崩れていきます。そしてここにプロの流通業のシンボルとしてコンビニエンスストアが誕生します。コンビニが日本的流通構造に最後の"とどめ"を刺したと言っても過言ではなく、消費財は88ページの流通の時代を迎えます。

　アメリカでは逆にこの日本的流通構造にヒントを得て、メーカーと流通が手を握るアライアンススタイルが生まれます。これがサプライチェーン（118ページ）です。

13 店舗でのマーケティング

学習のポイント

流通はその機能によって商流（商的流通の略。商品売買のこと）と物流（物的流通の略。商品を実際に動かしていくこと）に分けることができます。
日本的流通構造が崩れていく中で、消費財は流通業の分担がはっきりしてきました。商流を小売業（消費者へ販売）が担い、物流を卸売業（小売業へ販売）または小売業の本部（店舗をコントロールする部門）が担うという形です。店舗の商流では次のような点が常識です。

1 商圏 一般に商圏とは顧客の存在している範囲のことをいいます。店舗から商圏を考える時は、店の位置（これを立地という）を中心に半径何メートルの円を描くといった形がポピュラーです。

2 マーチャンダイジング これはさまざまな意味で使われていますが、流通の現場では「品揃え」（店舗で取り扱う商品を決める）という意味で使っています。マーチャンダイザーとは「品揃えをする人」です。また商品を購買する人はバイヤーといいます。バイヤーがマーチャンダイザーを兼ねている店舗も多いといえます。

一方、マーチャンダイジングサイクルは「品揃え、仕入、販売など商品（マーチャンダイズ）に関する一連の仕事」という意味で使われます。

マーチャンダイジングでよく使う言葉は次の2つです。
- **商品分類** 一般に商品は階層的に分類されます。大分類は部門、売場（生鮮部門、紳士服売場）、中分類はライ

学習術その3
流通は何が変化しているかを知る

ン、コーナー（鮮魚ライン、紳士小物コーナー）、小分類はカテゴリー（魚、ネクタイ）という形が一般的です。カテゴリーが大分類、中分類を指すこともあり、この時はその下の分類をサブカテゴリーといいます。細分類がアイテム（1つの商品）です。さらに同じアイテムでもサイズ、分量が違うものがある時はSKU（Stock Keeping Unit：在庫管理単位）という分類をすることがあります。アイテム、SKUといった商品単位に考えていくことを単品管理といいます。

- **幅と奥行き** カテゴリーの数を幅、カテゴリーごとのアイテム数を奥行きといいます。「幅が広い」はカテゴリーの数が多いこと、「奥行きが深い」とはカテゴリーごとのアイテム数が多いことをいいます。幅と奥行きで品揃えを考えていくことを商品ミックスといいます。

3 インストアマーチャンダイジング（ISM） **2**が本部や店舗のバックヤード（売っている場所ではないところ）で行われるのに対して、これは店舗の売場での活動を指します。次の2つに分けられます。

- **陳列管理** 商品の陳列を考えること。商品分類に合わせてレイアウト（部門、ラインの配置）、ゾーニング（カテゴリーの配置）、フェイシング（各アイテムを何列並べるか。フェイスとは消費者からその商品が何個見えるか。つまり列のこと）と進めていくことが基本です。

- **インストアプロモーション**（ISP） 店舗内で行うプロモーション。特売、試食、ノベルティ、クーポン、ポイント、POP広告といった手段が取られます。

第3章 モノに関する常識

14 カンバンとロジスティックス

学習のポイント

物流は近年大きく変化しています。変化の要因はトヨタ自動車が考え出したカンバンシステムと、アメリカで戦争をベースに考えられたロジスティックスです。

1 カンバンシステム 特徴は次の3点です。

- **JIT（ジャストインタイム）** 売れるものを、売れる時に、売れる量だけしか作らず、「在庫を極力なくす」ことをJIT生産といいます。
- **PULL** 一般の流れ作業では前工程（先に仕事をやる工程）で作ったものを後工程へ渡します（これをPUSHという）。しかしこれでは前工程は自分の生産性を考えて、後工程が使う以上にまとめて作ってしまいます。カンバンでは、後工程が前工程へ「必要なものを必要な時に取りに行く」というPULL方式を取ります。この時、後工程が発行する作業指示書をカンバンといいます。
- **システム化** 生産は部品製造と組立という2つに分けて考えます。前者は下請工場（協力工場ともいう）、後者は親工場（組立工場）が担当します。この組み合わせでJIT、PULLを実現するには、親工場と下請工場がシステム（共通のベクトルを持つこと）となる必要があります。それには2つのことが必要です。1つがネットワーク化（196ページのEOS）です。もう1つが下請工場から親工場へタイミングよく部品を届ける物流システムであり、カンバンの中核をなすものです。

学習術その3
流通は何が変化しているかを知る

　カンバンを流通業に適用して大成功したのがコンビニです。親工場をコンビニという店舗、下請工場をベンダー（卸売業やメーカーなど商品を届ける企業）ととらえるものです。店舗が売れると思う商品を、売れる量だけ、売れるタイミングでベンダーに発注し、ベンダーがジャストインタイムに届けるというものです。これによって卸売業、メーカーの物流は大きく変身しました。

2 ロジスティックス　アメリカでは前述のように戦争システムをビジネスに取り入れました。その中で戦略とともに有名なのがロジスティックス（兵站と訳す）です。

　戦争において武器、火薬、食料などの軍事資材を最前線の軍隊が持っていては敵に狙われてしまいます。そこでバックヤードの基地にこれらを持ち、必要な時に必要なものだけを（ジャストインタイム）最前線の軍隊へ届けることとしました。これをロジスティックスといい、物流の基本的考え方となっています。

　このロジスティックスから物流ネットワークというシステムが生まれました。物流ネットワークは「メーカーから消費者まで商品を届けるシステム」をネットワークとして考えるものです。

　この物流ネットワークの中核となるのが物流センター（Distribution Center：DC。ロジスティックセンターともいう）という基地です。物流センターは荷物を置いておく倉庫ではなく、荷造り（ピッキングという）などの物流に関するさまざまな仕事を行い、最前線の店舗へ商品をジャストインタイムに届けるものとなります。

第3章　モノに関する常識

15 在庫を減らす

学習のポイント

商流と物流の中間に位置するものが在庫(68ページ)です。在庫削減はカンバンシステム、コンビニがもたらした大きな波です。この在庫削減を理解するには安全在庫という考え方を理解する必要があります。これから説明することを理解するには数学の知識が必要なのですが、何とかさらっと常識として理解してしまいましょう。

次のようないわし専門の魚屋の例で考えてみましょう。

> 前日の閉店時に注文されたいわしが当日の開店前に納入され、当日の売れ残りはすべて廃棄しています。廃棄ロスが多く出ているので、何とか在庫量を適正にしたいと考えています。前月は1日平均30匹売れていました。いわしを何匹在庫すればよいでしょうか。

商品の売れる量は次のようなグラフで表現でき、これを正規分布といいます。グラフの中心が平均30匹です。

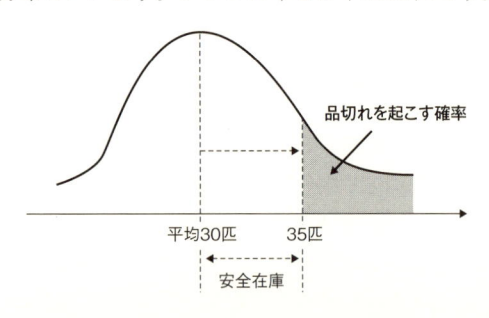

ここで在庫を30匹にすると2日に1回品切れ(欠品ともいう)を起こすはずです(上のグラフの右半分がこれを表している)。例えば過去28、31、29、32匹と売れていれ

学習術その3
流通は何が変化しているかを知る

ば、平均30匹です。30匹の在庫では「31匹」と「32匹」の日には品切れを起こしてしまいます。そこで品切れの日が減るように、在庫を35匹に増やしてみます。

グラフの右側の斜線部分は、35匹にした時に「品切れを起こす確率」を表しています。こう考えると逆に「品切れを起こす確率」を決めれば、在庫量が決まることになります。このようにして平均より増やした分を安全在庫といいます。安全在庫は次のように計算します。

> 安全在庫 ＝ 安全係数 × 標準偏差

安全係数とは品切れ確率を決めると計算されるもので、例えば10％だと1.28となります。10％というのは10日に1回品切れということですが、買い物はそこまで数学的ではなく、計算上は現実よりも少し品切れ確率が"大きめ"に出ます。品切れ確率10％では「あまり品切れが出ない」くらいの感じです。もちろん品切れ確率を減らそうと思えば、安全在庫は増えていきます。

標準偏差とは「平均値から、平均してどれくらいブレているか」というもので、パソコンの表計算ソフトで計算できます。先ほどの魚屋では「6」でした。この店で品切れ確率を10％（あまり品切れがない）に抑えようとすれば、在庫量は次のように計算されます。

> 在庫量 ＝ 平均値 ＋ 安全在庫 ＝ 30 ＋ 1.28 × 6 ≒ 38（匹）

この式でわかるとおり、平均が同じでも、標準偏差が小さいと、在庫量は減ることになります。「標準偏差が小さい」というのは「コンスタントに売れる」という意味です。平均が同じでも、コンスタントに売れる商品に変えると在庫が削減できることになります。

第3章 モノに関する常識

16 サプライチェーンを作る

学習のポイント

競争マーケティングの反対の概念としてアライアンスがあります。これも戦争が語源です。アライアンスとは共通の目的を達成するために複数の組織が手を握るもので、同盟と訳されています。
アライアンスは水平(同業者同士)と垂直(取引している同士)に分けられます。前者はすでに32ページで述べましたので、ここでは垂直アライアンスの基本スタイルであるサプライチェーンについて解説します。

　商品の供給サイドであるメーカー、流通業などがアライアンスしていくことをサプライチェーンといい、その仕組をSCM(サプライチェーンマネジメント)といいます。114ページの「親工場と下請工場」、「コンビニとベンダー」などはSCMの1パターンです。

　アメリカでは「流通在庫削減のためのSCM」が生まれました。これはECR(Efficient Consumer Response)、QR(Quick Response)、製販同盟ともよばれています。

　流通在庫とは流通段階における在庫のことであり、「メーカーの在庫+卸売業の在庫+小売業の在庫」となります。この流通在庫をメーカー、卸売業、小売業がサプライチェーンとなって、共同で削減していくものです。ここでの要素は次の3点です。

- **連続補充**(CRP:Continuous Replenishment Program)

小売店舗が持つPOSデータ(198ページ)をメーカー、卸売業に公開します。そのうえでメーカーがPOSデータ

学習術その4
現代マーケティングはアライアンスとカスタマー

から需要を予測し、生産計画を立て、小売業からの発注なしにメーカーの意思で店舗へ届けます。

- **クロスドッキング** 各メーカーが各店舗に連続補充したら、店舗はメーカーからのトラックだらけになってしまいます。メーカーは卸売業などの物流センターに一旦運び、ここで各店舗ごとに積み換えて配送します。

- **検品** 一般に店舗での検品は、商品の発注情報と届けられた商品実物とでチェックします。しかしこのSCMでは小売業は発注していないので検品ができません。そこでメーカーはネットワークを使って、事前出荷明細（ASN：Advanced Shipping Notice）を店舗に送り、出荷するケースにSCMラベル（Shipping Carton Marking）を貼っておき、店舗に商品が納入された時、この2つをチェックします。SCMラベルには通常のバーコードの他、QRコードなどの2次元バーコード（199ページ）、ICタグ（129ページ）といったものが使用されます。

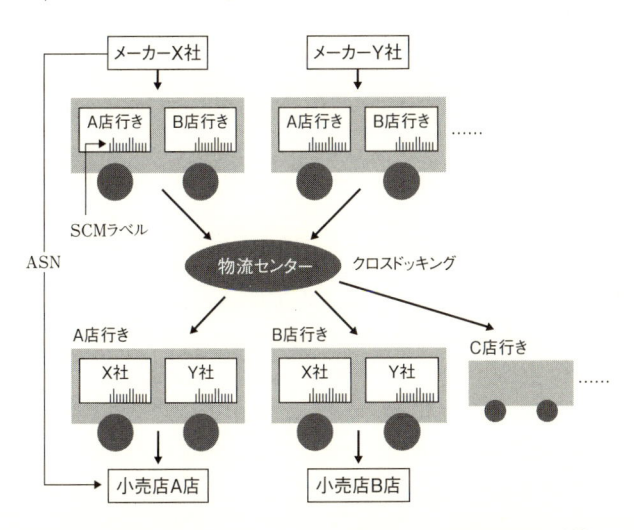

```
     メーカーX社          メーカーY社
   ┌────┬────┐       ┌────┬────┐
   │A店行き│B店行き│       │A店行き│B店行き│  ……
   └────┴────┘       └────┴────┘
  SCMラベル  │               │
            ▼               ▼
          ┌─────────────┐
          │  物流センター  │  クロスドッキング
          └─────────────┘
   ┌────┬────┐    ┌────┬────┐
   │A店行き│     │    │B店行き│     │   C店行き
   │ X社 │ Y社 │    │ X社 │ Y社 │            ……
   └────┴────┘    └────┴────┘
  ASN  │                │
       ▼                ▼
    小売店A店          小売店B店
```

第3章 モノに関する常識

17 エリアのパイ

学習のポイント

マーケティングの重心がライバルや流通から顧客へシフトしていく中で、多くの売り手はマスマーケティング(マーケットを均一と考えること)からセグメンテーションマーケティング(マーケットを区分して考える)へと戦略を変化させていきます。セグメンテーションマーケティングでは、「顧客の顔が見えない場合」(流通業を通して売っているなどして直接顧客が見えない)と「顔が見える場合」(顧客へ直接売っている)で手法が異なります。前者の手法の代表がエリアマーケティング、後者の手法の代表がロイヤルティマーケティング(122ページ)です。

エリアマーケティングの発想は次のようなものです。

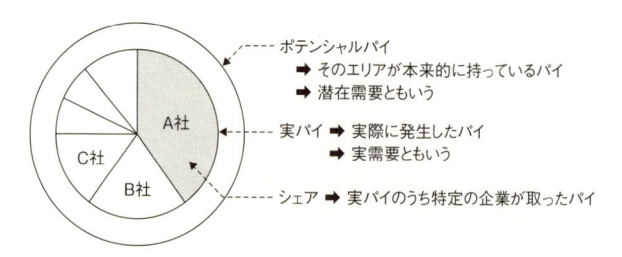

- ポテンシャルパイ
  - ➡ そのエリアが本来的に持っているパイ
  - ➡ 潜在需要ともいう
- 実パイ ➡ 実際に発生したパイ
  - ➡ 実需要ともいう
- シェア ➡ 実パイのうち特定の企業が取ったパイ

ビールでいえば、ポテンシャルパイはそのエリアでビールを飲みたいと思っている人が生む総需要です。

ビールを飲みたいからといって、必ずしも飲むわけではありません。家にいてビールがない、酒屋も近くにない……といったことです。実パイとはポテンシャルパイのうち本当にビールを飲んだ量のことをいいます。

この実パイを各社がシェアします(go share:「山分け

学習術その4
現代マーケティングはアライアンスとカスタマー

する」という意味)。シェアは「自社売上÷実パイ」で計算します。

エリアマーケティングは次のように進めていきます。

- **ポテンシャルパイの推定** ポテンシャルパイを地域の属性データ(人口など)を使って推定します。

例えば、まずは完全にその商品が浸透してしまっている(ポテンシャルパイ=実パイ。ビールでいえばコンビニや自動販売機があり、いつでも手に入る)エリアを見つけます。このエリアのポテンシャルパイ(=実パイ)を、パイの大きさに関係がありそうなデータ(例えば成人人口)で割ります。これで成人1人あたり飲むビールの量(ユニットパイという)が出ます。残りの各エリアはそこでの成人人口を調べ、ユニットパイを掛ければポテンシャルパイを推定できます。

- **実パイの調査** 各エリアでの実パイ(自社および他社の総売上)を調査し、シェアを計算します。そのうえでパイ顕在率(実パイ÷ポテンシャルパイ)を計算します。

- **マーケティングの実施** パイ顕在率によって異なるマーケティング戦略を取ります。

顕在率の高いエリアではポテンシャルパイの拡大(「新しいビールの飲み方を提案する」など)やリプレース(99ページ)といった戦略を取ります。

パイ顕在率の低いエリアではポテンシャルパイが実パイとして現れない理由(「商品があることを知らない」など)を調査し、その理由を排除するためにマーケティングミックス(「商品試用キャンペーン」など。102ページ)を実施していきます。

第3章 モノに関する常識

18 ロイヤルカスタマーを大切にする

学習のポイント

ロイヤルティマーケティングとは自社への忠誠度（loyalty：ロイヤルティ）を高めていく手法です。
具体的には「自社に対する貢献度」をベースとして顧客を分類し、ロイヤルカスタマー（忠誠度が高い顧客）を見つけます。
このロイヤルカスタマーに対してCRM（Customer Relationship Management）というマーケティング手法を取ります。
ロイヤルティマーケティングは現代の主流であり、次のように進めていきます。

自社に対する貢献度をどうやって表すかを決めます。例えば売上、粗利といったものです。この貢献度によって自社の顧客を次の3つに分けます。

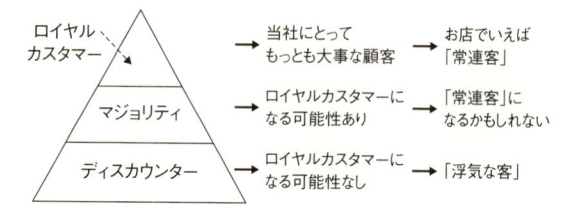

ロイヤルカスタマー	→ 当社にとってもっとも大事な顧客	→ お店でいえば「常連客」
マジョリティ	→ ロイヤルカスタマーになる可能性あり	→ 「常連客」になるかもしれない
ディスカウンター	→ ロイヤルカスタマーになる可能性なし	→ 「浮気な客」

そのうえでロイヤルカスタマーとなった顧客を分析して、その像を作ります。例えば「40代の主婦」といったものです。

次にマジョリティの中から「ロイヤルカスタマー像」を持った顧客を探します。マジョリティの中の40代の主婦であり、ロイヤルカスタマーと同じ属性を持っているのに、ロイヤルカスタマーになっていない人（ロイヤルカス

学習術その4
現代マーケティングはアライアンスとカスタマー

タマー予備軍）です。

　ロイヤルカスタマーとロイヤルカスタマー予備軍には、同じマーケティングを実施します。ロイヤルカスタマーを維持していくこと（Keep戦略という）と、ロイヤルカスタマーへのチェンジ（Get戦略という）は、「ロイヤルカスタマーになれば特別なサービスが受けられる」という同一のマーケティングを行います。どうしてもチェンジをしたいマジョリティには、そのサービスを期間限定で実施して、その反応を見ます。

　これら特定顧客と良好な関係を作っていくマーケティング手法がCRMであり、具体的には次のようなものです。

識別マーケティング	その顧客が大事な顧客であることを社内に徹底し、すべての面でVIP待遇を取る
インセンティブマーケティング	あらゆる面で有利な販売条件、サービスを提供する
ステータスマーケティング	ロイヤルカスタマー同士が集まる場、会などを主催し、その会に入っていることに優越感を持たせる
ハッピーコール	定期的な訪問、情報・試供品の提供、メールマガジンの配布などを行い、不満、クレームを抽出する

第3章　モノに関する常識

常識トレーニングその3
会社の戦略にコメントしよう

　自社、ライバル、取引先などのマーケティング戦略についてもコメントしてみましょう。

「いよいよううちのマーケティング戦略も流通第一から買い手へと向かっているなあ。流通業のことを顧客ではなくパートナーと表現しているものなあ」

「それじゃあフォロワー戦略で、リーダーに狙われたらおしまいでしょう。チャレンジャーで行くか、ニッチャーで行くかの選択を迫られているんじゃないの」

「『さらなるコストダウンで価格競争力を』か。まさに囚人のジレンマだな。それよりロイヤルティマーケティングへシフトした方がいいと思うけど……」

「ライバルの××社は強者の戦略で広域戦を狙ってるなあ。うちは資金パワーではかなわないと思う。差別化して局地戦に持ち込むしかないだろう。大都市ではなく、地方の中小都市商圏を狙おう」

「今回のうちの戦略ベクトルは、マーケット飽和を受けて市場開発へと向かっているけど、むしろ水平的多角化を軸とすべきだと思う」

「うちのコアコンピタンスは何といっても配送する力だろう。今シルバーマーケットには宅配のニーズが強い。この2つのマッチングがCSFだろう」

「この店ISMがうまいね。ゾーニングがしっかりしてるから、フェースの力がよく生きてるよ。ただPOPとのコンビネーションが悪いね」

「うちのSCM部は視野が狭い。多少リスキーでも製と販の同盟にチャレンジしないと流通在庫は削減できない」

「シェア争いしている場合じゃないだろう。この地域の人口からいってポテンシャルパイがかなり大きいはずだ。それなのに実パイがこれくらいというのは商品認知がされてないんだろう」

第4章 情報に関する常識

■ 学習のベクトル
情報についてはITと法律という2つがテーマです。ITは「商品としてのIT」、データベース、ネットワークという3つの見方がポイントです。法律は体系化がポイントです。

■ 学習術 その1
ITのキャッチコピーはベンダーからの提案
ITの世界ではアルファベット3文字のキャッチフレーズが飛び交います。次から次へと新しいキャッチフレーズが出てきますが、その言葉の詳しい中身を知ることより、「なぜそんなことを言い出したのか」を知ることがポイントです。

■ 学習術 その2
データと情報の違いを理解する
データ、情報、データベース、ナレッジ、予測、シミュレーションといった言葉を、1つ1つしっかり定義していけばデータベースの世界は開けてきます。そしてデータをうまく使えるビジネスマンへと変身できます。

■ 学習術 その3
なぜインターネットは生まれたのか
インターネットは「つなぐためだけのネットワーク」であり、「ネットワークのネットワーク」です。インターネットの原点を探り、それが誕生した背景を知れば、そこでのビジネスチャンスとビジネスリスクが見えます。

■ 学習術 その4
法律は「何が決まっているか」を知る
ビジネスに関係する法律は果てしなくあり、もちろん全部を知ることなどできません。「何がルールとして決まっているのか」を体系的に知り、ルールの詳細は会社の法務部や弁護士に相談しましょう。

01 ITが生んだレガシー

> **学習のポイント**
>
> IT (Information Technology：情報技術) とはコンピュータを中核としたデータベース、ネットワークなどの技術を総称したものです。ITは「技術の発展」と「それがもたらした問題点」という2つの面からとらえます。

1 技術の発展

- **コンピュータシステムの時代**　誕生当初コンピュータは電子計算機であり、「計算式」を覚えさせ、「数字」を与えて「計算結果」を得るものでした。このコンピュータがビジネスに利用されることで、世界は一変します。「計算式」を「プログラム」(仕事のやり方)、「数字」を「データ」、「計算結果」を仕事に使う「レポート」(B/S、P/L……)と考えるものです。こうして作られた技術をソフトウェア、コンピュータなど機械自体の技術はハードウェアとよばれました。また当時のコンピュータはそのサイズが大きかったので大型コンピュータ (メインフレームともいう) とよばれました。

- **情報システムの時代**　さまざまな仕事がコンピュータ化されていく中で、「コンピュータに入れたデータを別の仕事にも活用しよう」というアイデアが生まれました。そのためにはデータを共有して (これをデータベースという)、皆が自由に使えるようにする必要があります。この仕組を情報システムといいます。

- **ネットワークシステムの時代**　さらにコンピュータ同士をつなげば、コンピュータ内にあるデータベースをもっと

学習術その1
ITのキャッチコピーはベンダーからの提案

多くの人が使えるというアイデアが生まれました。こうしてコンピュータは次々とネットワーク化していき、遂にインターネットを生みました。

2 レガシーシステム ITはこのように発展していったのですが、そのネックはコンピュータのプログラムにあります。これを作るのが大変な仕事だということです。

そこで大型コンピュータを販売するITベンダー（130ページ）は、「利用者が共通して使うプログラム」をコンピュータとセットで販売することにしました。これが基本ソフト（オペレーションシステム：OS）です。基本ソフトはより使いやすくするために、次々に改良されていきます。これをバージョンアップといいます。この際、すでに作ったプログラムがそのまま使えるように、前の基本ソフトは一切変えずに新しい機能だけを追加していくようにします。これを上位互換(アッパーコンパチブル)といいます。

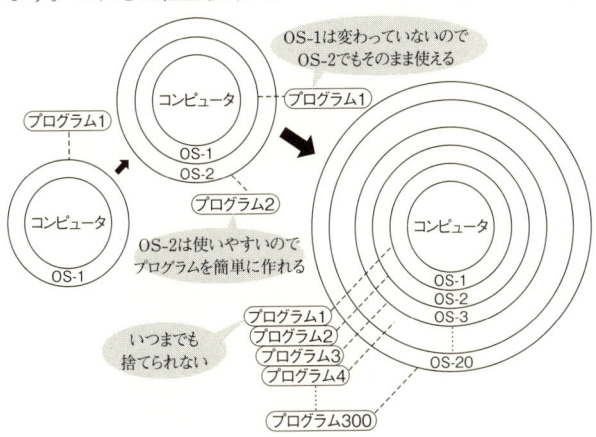

そしていつの間にかITは上図のように"大きく"なり、手がつけられなくなってきました。これをレガシーシステム（遺産という意味）といいます。

02 レガシーを捨てる

学習のポイント

コンピュータが世に出てから数十年が経ち、レガシーシステムを捨てる努力が続けられています。前ページのようになってしまうと、思い切って「全部捨てる」というわけにもいかず、ゆっくりと変化させるしかありません。この変化のキーワードは「オブジェクト指向」と「小型化」の2つです。

1 オブジェクト指向 コンピュータシステムから情報システム、ネットワークシステムへ変化したのだから、「プログラム（仕事のやり方）を教えて、それを自分に代わってやらせる」という考え方から脱却して、「ITからサービスを受ける」と考えようというものです。

パソコンの画面にアイコン（まんがのようなもの）が並んでいますが、これがオブジェクトです。オブジェクトはデータと「その使い方」がセットになっており、要求（例えばダブルクリック）すれば、特定のサービスが受けられます。オブジェクトはプラットフォーム（パソコンなど）に乗っていると考えます。

しかし各オブジェクトにデータを入れておくと、個人使用ならよいのですが、複数の人が同じデータを使う企業では、データがあちこちにあって混乱してしまいます。そこでデータを1ヵ所に集め（これがデータベース）、そこから「サービスを受ける」という形にすべきです。この時サービスを行う方をサーバー、サービスを受ける方をクライアント（依頼人という意味）とよびます。これがクライアント／サーバーシステムとよばれるものです。

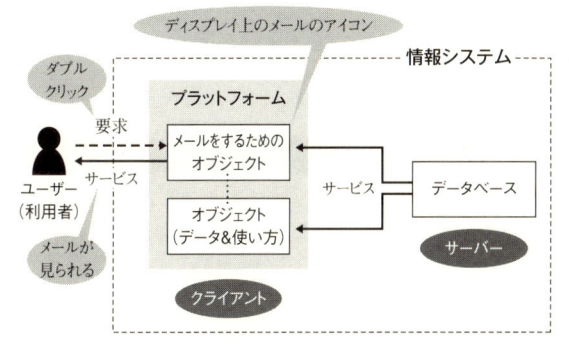

学習術その1
ITのキャッチコピーはベンダーからの提案

[図: プラットフォーム、メールをするためのオブジェクト、オブジェクト（データ&使い方）、クライアント、データベース、サーバー、情報システム、ユーザー（利用者）、ダブルクリック、要求、サービス、メールが見られる、ディスプレイ上のメールのアイコン]

このオブジェクト指向によって、大型コンピュータのレガシーを「パソコンとサーバーの組み合わせ」へと、サービス単位に徐々に移し換えていこうと考えました。

2 小型化 コンピュータのサイズは、レガシーとは逆にどんどん小さくなっていきました。そしてノートパソコンを生み、電子手帳、PDA (Personal Digital Assistants:携帯情報端末)、携帯電話などと融合してモバイルコンピュータ（モバイルとは移動できるという意味。モバイル端末ともいう）とよばれています。

コンピュータを超小型化したICチップも生まれ、キャッシュカード、クレジットカードなどにも埋め込まれています。ICチップは接触型（読み取り機に触れることが必要）だけでなく、非接触型も現れ、これを使った識別技術（IDのこと。150ページ）はRFID (Radio Frequency ID：電波による識別) とよばれています。RFIDはICタグ（荷札のこと。荷物の情報をここに書いておく）やEdy、Suicaのような電子マネーを生みました。

これらの機器がインターネットに接続され、いつでもどこでもアクセスして、情報を受けられる環境が整ってきました。これをユビキタスといいます。

03 ITを売る会社

学習のポイント

生活で使用するITと異なり、企業におけるITはわかりづらく、ブラックボックス化しています。それはITベンダーとよばれるITの販売会社が存在しているためです。このITベンダーの戦略がわかると、企業向けのITが理解できます。IT業界の歴史を追ってみましょう。

1 IT業界の誕生 IT業界は大型コンピュータを製造・販売したコンピュータメーカーが原点です。当初メーカーはハードウェアと基本ソフトの提供のみで、プログラムの作成は利用企業の情報システム部が担っていました。しかし開発量が増えてくるにつれ、これを外注するようになります。こうして生まれたビジネスがソフト開発であり、担ったのがソフトハウスという企業です。

2 システム開発の時代へ 大型コンピュータの時代はプログラムの移植性が低いため（A社製のコンピュータで作ったプログラムがB社製のコンピュータでは動かない）、次第にソフト開発という仕事もコンピュータメーカーごとに集約されていきます。そしてハードウェア、ソフトウェアをメーカーがセットで提供するシステム開発というビジネスへと進化します。このビジネスをシステムインテグレーション（SI）ともいいます。

日本では1980年代に入ってシステム開発が一気にピークを迎え、日本中の情報システムが刷新されました。そしてピークが終わり、マーケットは一気に縮小します。

3 ITベンダー システム開発のピーク終了とともに、情

学習術その1
ITのキャッチコピーはベンダーからの提案

報システム部を情報システム子会社として分社し、他社のシステム開発も請負うという動きが活発となります。またネットワークシステムへの移行でビジネス領域が拡大し、ネットワーク業界（NTTなど）などさまざまな業界とコンピュータ業界はボーダレスになります。

この頃ITという言葉が生まれ、IT商品を販売する会社はITベンダーとよばれるようになります。

4 ソリューションビジネス ITベンダーはマーケット縮小の中での異業種からの参入、ボーダレス化によって激しい価格競争の時代を迎えます。

次第にITベンダーは低価格化の限界を感じ、サービスの高付加価値化を目指し、ソリューションビジネスへと移行します。顧客が抱えている課題に対し、ITによる解決サービス（ソリューション）を提供することを本業とするものです。ここではITベンダーがそのシステムの責任を負うことになり、顧客との契約も「提供するサービスのレベルを互いに合意する」といった形に移ります。これをSLA（Service Level Agreement：「サービスのレベルに合意する」という意味）といいます。

こうなるとITをすべて一括してITベンダーに任せた方が合理的となってアウトソーシング（一括外注）へと進んでいきます。

現在のITベンダーは次の3つが代表選手です。

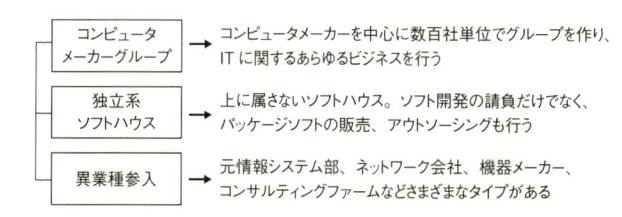

コンピュータメーカーグループ	→ コンピュータメーカーを中心に数百社単位でグループを作り、ITに関するあらゆるビジネスを行う
独立系ソフトハウス	→ 上に属さないソフトハウス。ソフト開発の請負だけでなく、パッケージソフトの販売、アウトソーシングも行う
異業種参入	→ 元情報システム部、ネットワーク会社、機器メーカー、コンサルティングファームなどさまざまなタイプがある

04 ITキャッチコピー

> **学習のポイント**
>
> ITは色々な使い方ができるため、逆にどうやって使ってよいかわかりづらいといえます。ITベンダーとしてはその使い方を顧客へ提案するために、これをアルファベット3文字のキャッチコピーで表現してきました。
> キャッチコピーは過去からの流れをとらえれば、「ITベンダーがなぜそんなことを言い出したのか」がわかり、その本質が見えます。

1 過去のキャッチコピー

- **EDP**(Electronic Data Processing) コンピュータシステム時代のコピー。「わずらわしい手作業をコンピュータで合理化しましょう」。
- **MIS**(Management Information System) EDPでは利用者が末端のプレイヤーだけとなってしまうので、経営者、マネジャー(マネジメント)にも使ってもらおう。そのために「コンピュータシステムを情報システム(Information System)へ変身させましょう」と訴えた。
- **DSS**(Decision Support System) 企業における意思決定(38ページ)への利用。実は現代の情報システムの最大テーマ。
- **SIS**(Strategic Information System) 「情報システム自身を戦略として、他社と差別化して勝ち抜こう」というもので一時ブームとなった。

2 現代のキャッチコピー

近年のコピーの特徴は「変革」です。従来型のITベンダーではなく、新しいタイプのIT

学習術その1
ITのキャッチコピーはベンダーからの提案

ベンダーが新しいIT商品をキャッチコピーで提案しています。次のようなものが代表例です。

- BPR（Business Process Re-engineering） レガシーシステムへの対応として、思い切ってすべてを捨てて作り直すことを提案している。そのために「ビジネスを原点から変革しよう」というもの。

- ERP（Enterprise Resource Planning） BPRの具体的な方法の1つとして提案されたもの。従来の情報システムは基本ソフトがプログラムをコントロールしているため、収拾がつかなくなっていると主張している。ERPでは企業として必要なデータをデータベースとして共有し、これを各業務システムが使う。同一業種、業態の企業は同一のパッケージソフト（オーダーメードではなく、出来合いのソフトウェア）を使う。これをERPパッケージという。そのうえで各企業が自らの仕事、やり方に合わせて手直しするのでなく、ERPパッケージに合わせて仕事のやり方を変えていくように提案している。こうしてレガシーを捨てるだけでなく、各社が共通のソフトウェアを使うことでコストダウンが図れ、ネットワーク化が容易になると訴えている。

- ASP（Application Service Provider） 従来のソフトウェアは利用企業がITベンダーから買い取ることが原則。これをインターネット経由で貸し出し、利用した分だけ支払うというサービスが生まれ、これを行う事業者をASPとよんだ。レンタルビデオのようなサービス。最近ではこのサービスのことをSaaS（Software as a Service）といっている。

05 データを情報に

> **学習のポイント**
>
> ITの世界は理系文化のためか、比較的言葉の定義がしっかりしています。ただ一般ビジネスマンはその言葉をファジーに使っているため混乱し、ますますITをわかりづらくしています。すでにITに関するさまざまな言葉を使ってしまいましたが、この辺でしっかり1つ1つの言葉を定義してみましょう。

1 ××化の定義

- **システム** 20ページで述べたように「複数の要素から成り、共通のベクトルを持つ複合体」。
- **システム化** カオス(システムではないもの。複数の要素はあるが共通のベクトルを持っていない)をシステムに変えること(この「変える」ことを「化」と表現する)。
- **コンピュータ化** 「コンピュータでやっていない仕事をコンピュータにやらせる」、「コンピュータに入っていないデータをコンピュータに入れる」。
- **データ**(data) 発生した状態のままのもの。
- **情報**(information) データが「特定の仕事に使える状態」に加工されたもの。
- **情報化** 発生したデータを加工して特定の仕事に使える状態(情報)にすること。

2 情報システム

企業においては「データを入力する人」と「情報を使う人」は別というケースが多くあります。「データを入力する人」は自らは使わないので、入れてもメリットがありません。したがって放っておけばデータは入力されず使えません(あなたの会社でも思い当たること

学習術その2
データと情報の違いを理解する

があると思います)。

　企業は「入力コスト」と「使うメリット」を比較してデータを入れるかどうかを意思決定しなくてはなりません。そして「入れる」と決めたら、「入力する人」はこれを仕事として入れなければなりません。

　これが情報システムです。情報システムとはシステムの定義にある「複数の要素」が企業のメンバー（データを入力する人、情報を使う人）であり、「共通のベクトル」が「仕事に情報を使い、企業全体としてのメリットを得る」ということです。

3 データベース　「データ」を「使う人」のリクエストに応じて、「情報」として入れてしまうと大変なことになります。発生したデータは1通りでも、その使い方、つまり情報は仕事によって異なるからです。情報システムでは各人が見たい、使いやすい形で入れるのではなく、発生したままの状態のデータを入れて、使う人がデータを情報に加工する必要があります。

　使う人から見るとデータAとデータBを組み合わせて使うかもしれません。そう考えると企業内のデータはできる限り1ヵ所にあった方がよいといえます。

　このように1ヵ所にデータを集約したものがデータベースであり、「複数の人が共有するデータの集まり」と定義できます。つまり「データベース化＝データの共有化」です。

　使う人はこのデータベースから必要なデータを取り出して、自らが使いやすい形（これをビューという）に変えて使う必要があります。これを実現する仕組をデータベースシステムといいます。

第4章　情報に関する常識

06 仕事に使える情報

> **学習のポイント**
>
> ナレッジ、ナレッジマネジメントという言葉がよく使われています。直訳すると「知識」、「知識管理」ですが、ビジネスの世界では少し違う意味で使っています。

1 ナレッジ データは発生した状態、情報はこれを使える状態に加工したものでした。ということはデータと情報の中身(これをコンテンツと表現する)は同じと考えられます。コンテンツは何らかの形で表現されて発生し(データ)、表現を変えて特定の人間が使います(情報)。

ここでコンテンツを2つに分けます。事実(ファクト)とナレッジです。事実とは会計データなどの「仕事をした結果」が中心です。一方、ナレッジは「仕事に使う情報」「仕事に使える情報」です。ナレッジをきちんと定義すれば「特定の人が特定の仕事をうまくできるように情報として持っているもの」となります。

ナレッジには知識、ノウハウ、経験などがあります。例えば「経理のプロフェッショナル」は「会計」という仕事をうまくできるだけの専門知識、ノウハウ、そして仕事をした経験を持っています。これが会計という仕事のナレッジです。

2 ナレッジベース、ナレッジマネジメント このナレッジがデータベース化(=共有化)されているものをナレッジベースといいます。ナレッジベースでは、ナレッジを2つに分けて考えます。

- **形式知** ナレッジのコンテンツを誰が表現しても同じデ

学習術その2
データと情報の違いを理解する

ータとなり、誰から見ても情報となるもの。つまり誰もが使えるナレッジ。

- **暗黙知** そのナレッジが表現する人によって異なるデータとなるもの。そのデータは表現の仕方と使う人によってはデータ（使えない）となったり、情報（使える）となったりするもの。

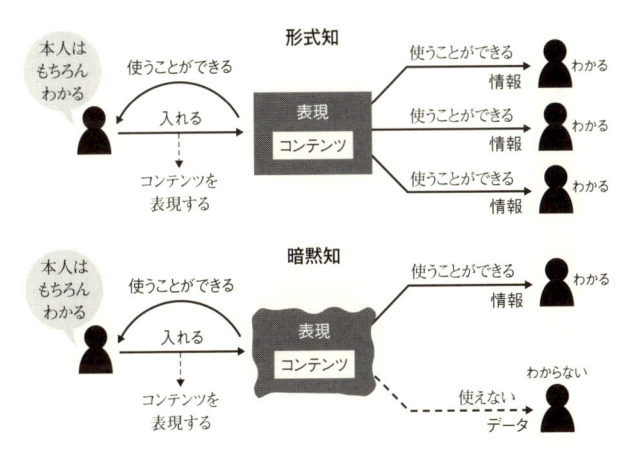

ナレッジベースのポイントは、今までITに入れられなかった（入れなかった）暗黙知を、何とかITに入れて共有化していくということです。

暗黙知の中でもっとも大切なものは、仕事のプロが持っているコツのようなものです。一般に仕事のやり方などの形式知はマニュアルにして伝えていくのですが、コツなどの暗黙知はOJT（On the Job Training：仕事をやりながらの教育）によって「口頭で」あるいは「やってみせて」教えていました。これらの音声、動画をITに入れ共有化しようというのがナレッジベースです。こういった考え方をナレッジマネジメントといいます。

第4章　情報に関する常識

07 データ加工のコツ

> **学習のポイント**
>
> データ加工の基本スタイルは集計表とグラフです。この2つについてのコツを述べておきます。

1 データマイニング 仕事に使うデータにはさまざまな集計キー（56ページ）がついています。売上データであれば部門、担当者、顧客、商品……といったものです。そのためどうしても部門別、セールスマン別、顧客別、商品別という形で掛け合わせた表（クロス表という）を作ってしまいます。こうなると膨大なデータ量となってしまい、情報として使うことができません。

このような反省のもと、データマイニングという考え方が生まれました。マイニングとは鉱山などでの採掘という意味です。データベースという鉱山からナレッジ（136ページ）という"金"を見つけることです。

例えば売上データから、「売上が前期に比べ落ちた原因を知りたい」というケースで考えてみましょう。まずは顧客別売上伸び率表を出します。その中でもっとも伸び率の低い顧客を見つけ、その顧客について商品別の売上伸び率表を出し、その中でもっとも伸び率の低い商品を探し、さらにその商品についてセールスマン別の売上伸び率表を出し、もっとも伸び率の低いセールスマンを見つけ、……とやっていきます。

こうしてたどり着いたデータが"金"です。その"金"は顧客、商品、セールスマンといった属性を持っていま

学習術その2
データと情報の違いを理解する

す。これを使って「"金"になっておかしくないのに、なっていないデータ」を見つけます。「同じ顧客に売って売上が伸びている商品」、「同じ商品を売って売上が伸びているセールスマン」……。

これを"金"と比較し、「落ちている原因」(仮説という)を人間が考えます。さらにその原因を除去することで、その仮説が正しいことを検証します。例えばセールスマンの商品知識不足が原因と考えたら、セールスマンに商品知識を教育して売上がどう変わるかを見る……といった形で進めていきます。

2 ポジショニンググラフ (バブルチャートともいう)　横軸 (x軸)、たて軸 (y軸)、円の大きさという3つの指標を使って表現するグラフです。ビジネスのさまざまな局面で使われており、グラフの基本といえます。

107ページのPPMはシェア (横軸) とマーケット成長率 (たて軸) の2つの指標ですが、これに売上 (円の大きさ) を加えて表現すると次のようになります。

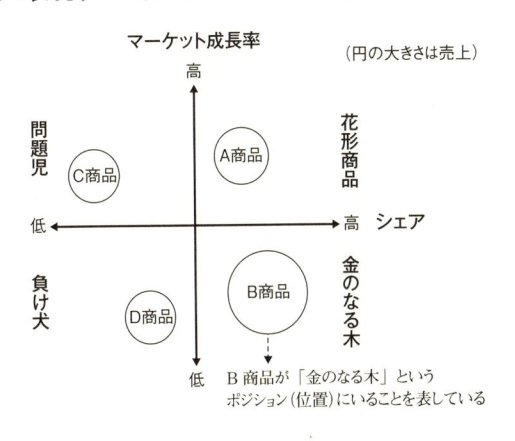

マーケット成長率　　　　　　　　(円の大きさは売上)

問題児　　Ⓒ商品　　Ⓐ商品　　花形商品

低 ←――――――――→ 高　シェア

負け犬　　Ⓓ商品　　Ⓑ商品　　金のなる木

低　B商品が「金のなる木」というポジション(位置)にいることを表している

第4章　情報に関する常識

08 ITで予測する

学習のポイント

「未来を予測する」という仕事は、実はITのもっとも得意とする分野です。この予測を応用したものがシミュレーションシステムです。これは132ページで述べたDSSを実現したものといえます。

1 予測 予測とは「過去のデータ」と「予測のやり方」を使って「予測値」を出すことをいいます。この予測を何回もくり返していく時には、次のような形でITが利用されます。

過去のデータを使って特定のやり方(やり方1)で予測する ➡ 予測値1

実績値1が出る ➡ 予測値1 ≠ 実績値1

予測値1 ≒ 実績値1となるようにやり方を変えて(やり方2)予測する ➡ 予測値2

実績値2が出る ➡ 予測値2 ≠ 実績値2

「予測値1 − 実績値1」と「予測値2 − 実績値2」の和が最小となるようなやり方(やり方3)で予測する ➡ 予測値3

> このまま足すとマイナスがあるので
> 「(予測値1 − 実績値1)^2 + (予測値2 − 実績値2)^2」が
> 最小になるようにする。これを最小2乗法という

実績値3が出る ➡ 「(予測値1 − 実績値1)^2 + (予測値2 − 実績値2)^2 + (予測値3 − 実績値3)^2」が最小になるようにやり方を変える

⋮

このようにして「予測のやり方」を変えながら予測していくことを回帰分析といいます。回帰分析は予測が済んだ後で、「どうすればあたったか」、というよりも「はずし方

学習術その2
データと情報の違いを理解する

を小さくできるか」を考えていくものです。回帰分析はエクセルなどの表計算ソフトで簡単にできます。

2 シミュレーションシステム シミュレーションとは「模擬実験」のことです。ITの分野では、コンピュータの中に「仮想の世界」を作り上げてさまざまな実験を行っています。

実験室ではなく、企業で用いられるシミュレーションシステムとしては、次のような意思決定シミュレーションがポピュラーです。

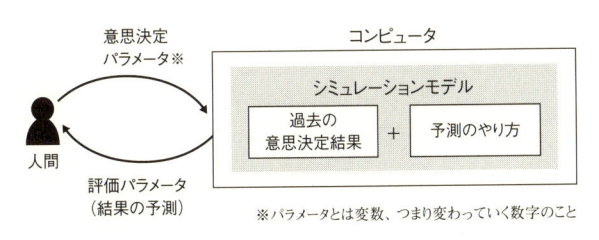

```
          意思決定              コンピュータ
         パラメータ※
                        ┌─────────────────────────┐
       ──────→          │   シミュレーションモデル   │
                        │ ┌──────────┐ ┌──────────┐│
   人間                  │ │  過去の  │+│予測のやり方││
                        │ │意思決定結果│ │          ││
       ←──────          │ └──────────┘ └──────────┘│
      評価パラメータ       └─────────────────────────┘
      (結果の予測)
                  ※パラメータとは変数、つまり変わっていく数字のこと
```

商品の販売価格シミュレーションの例

- 販売価格(意思決定パラメータ)をとりあえずコンピュータに入れて、利益(評価パラメータ)を予測する
- 評価パラメータがNG(この利益では納得しない)なら意思決定パラメータ(価格)を変え、評価パラメータがGoodならその意思決定パラメータを採用する。つまり販売価格を決定する

意思決定シミュレーションは「ある特定の意思決定をしたら(意思決定パラメータ)、どういう結果になるのか(評価パラメータ)」をITで予測して、納得がいく意思決定を探していくものです。意思決定パラメータから評価パラメータを出すために、コンピュータの中に「過去の意思決定結果」と「予測のやり方」(この2つが先ほどの「仮想の世界」)をセットしておきます。この「仮想の世界」をシミュレーションモデルといいます。

09 アナログからデジタルへ

学習のポイント

現代のITの主力テーマはネットワークであり、ITをICT（Information and Communication Technology：情報通信技術）ともいいます。まずはネットワークの常識をとらえましょう。

1 LAN（Local Area Network）　ネットワーク構築やネットワークサービスの提供は電気通信事業法で以前から規制されており、電気通信事業者（通信キャリア、キャリアともいう。NTTなど）以外はできません。

しかし同一建物、同一構内のネットワークはこの規制の適用外で、基本的には自由に引くことができます。これがLANです。そのためLANは一般のネットワークとは異なる形で進化してきました。

LANの特徴はデータを送るスピードが速いということで、一般のネットワークもこれに追いつこうと努力しています。これが129ページで述べたユビキタスです。

2 デジタルとアナログ　デジタルとはdigit（指）がその語源で、「指で数える数字」を意味しています。一方、連続しているものをアナログといいます。時間はすべてつながっているのでアナログですが（アナログ時計は時刻を針で表しています）、これを数字で表したものがデジタル時計です。これをデジタル化といいます。

ITの世界ではデジタル以外を扱うことができません。だから初期の頃のITでは、数字と文字（文字に番号を振って数字で表現）だけを取り扱っていました。

その後、音声は右上の図のように波の高さで、画像は

学習術その2
データと情報の違いを理解する

「白か黒か」という形で、2つのアナログデータをデジタル化できるようになりました。

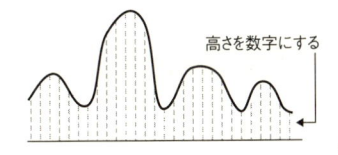

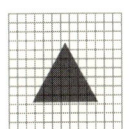

高さを数字にする

上のような黒い三角形を表すなら、細かいメッシュに切ってそれぞれを白(0)、黒(1)で表す

さらに光の3原色を使ってカラー化し、アニメーションのように画像を重ねることで、動画をもデジタル化しました。「テレビは2011年から地デジへ」です(地上デジタルテレビ放送の略。アナログである一般のテレビ放送をデジタル化すること)。

3 ブロードバンド　動画をデジタル化すると膨大なデータ量となり、送るにはハイスピードなネットワークが必要となります。これをサポートするのがブロードバンドとよばれるサービスです。

ブロードバンドサービスとしては、既存の電話ネットワークを何とか動画を見るくらいのスピードまで上げたADSL(Asymmetric Digital Subscriber Line)、ケーブルテレビ(そもそも動画を見るくらいのスピードを持っている)、携帯電話などがあります。しかし何といっても本命は光ファイバーを家庭まで引くこと(FTTH：Fiber To The Homeという)で、着々と進められています。

テレビ並みの高品質の画像を送ることができる超高速なネットワークサービスをハイパーブロードバンドともいいます。

10 インターネットの誕生

学習のポイント

ネットワークサービスは主宰者が設計・開発し、料金を決めて利用者を募集します。このすでにあるネットワークとネットワークが後からつながることをインターネットワーキングといいます。インターネットワーキングは今までほとんど見られませんでした。この理由がわかればインターネットの本当の意味がわかります。

ネットワークサービスの特徴は、初期開発費がコストのほとんどすべてということです。そのため料金設定が難しいといえます。

> 10億円でネットワークを作り、サービスを開始する。利用者が何人来てもコストは変わらない(端末は利用者負担)。2年間でこの10億円を回収したい。
> →利用者100人と考えれば、1人年間500万円の利用料
> →利用者100万人と考えれば、1人年間500円の利用料

ネットワークのもう1つの特徴は、すぐに新しい技術が生まれて、驚くほど安いコストで同じネットワークを作ることができるかもしれないということです。上の例では年間500円の利用料で募集して100万人を集めても、すぐに年間50円の利用料で別サービスを行う企業が出てくるかもしれません。

しかし新ネットワークに最初に移る利用者は通信する相手がいません。だからいくら料金を安くしても利用者は移りません。ただ、今のネットワークとインターネットワーキングできたら、すべての利用者が移ってしまうかもしれません。逆にいえば、今のネットワークが新ネットワーク

学習術その3
なぜインターネットは生まれたのか

とのインターネットワーキングを拒否すれば、「我が身を守ることができる」といえます。これがインターネットワーキングが起きなかった理由です。

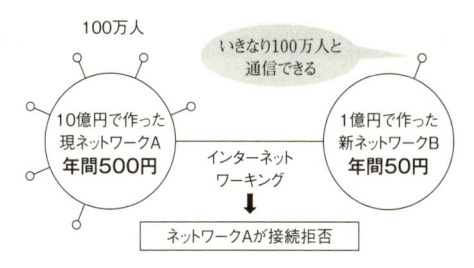

```
        100万人
                    いきなり100万人と
                    通信できる
  ┌─────────┐         ┌─────────┐
  │10億円で作った│         │1億円で作った│
  │現ネットワークA│ インターネット│新ネットワークB│
  │ 年間500円 │ ワーキング │ 年間50円  │
  └─────────┘         └─────────┘
               ↓
        ネットワークAが接続拒否
```

インターネットは米ソ冷戦の結果生まれたといえます。1957年、ソ連はアメリカに先駆けて人工衛星スプートニックの打ち上げに成功しました。一方、アメリカではコンピュータを軍事に使い始めており、ペンタゴン（国防総省の総司令部）を中心にネットワークを組んでいました。ソ連がこの中心点を攻撃すればすべての軍事機能を停止できます。そこでアメリカではこのコンピュータをWeb（くもの巣）状につなぐことを考えます。

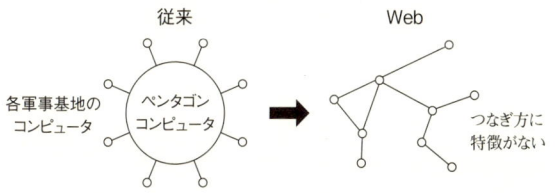

```
    従来                    Web
  各軍事基地の  ペンタゴン
  コンピュータ  コンピュータ      →          つなぎ方に
                                          特徴がない
```

この実験をアメリカの各大学にすでにあったLANをWeb状につなぐという形で行いました。つまり学内LANのインターネットワーキングです。この接続を拒否しない巨大ネットワークは世界中のネットワークをインターネットワーキングし、「インターネット」とよばれるようになりました。

11 インターネットの技術

学習のポイント

インターネットを実現するためにさまざまな技術が開発されました。代表的なものはWebネットワーク、パケット交換、WWWです。

1 Webネットワーク ネットワークでは通信する端末をノード、これを管理するものを「局」(電話局のようなもの)といいます。インターネットはノードがWebにつながるのではなく、下図のように局と局がWebにつながるWebネットワークです。

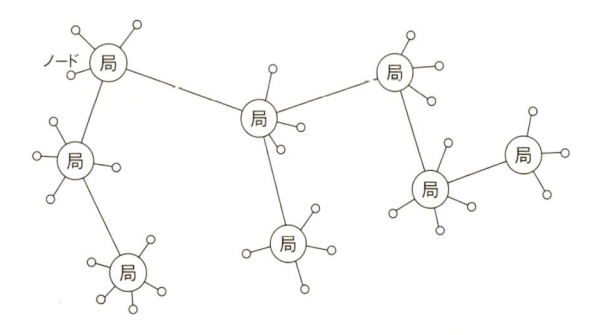

局はそれが1つのネットワーク(前項の学内LANもインターネットの局)と考えることができます。だからインターネットは「ネットワークのネットワーク」とよばれます。

インターネットにおいて、各ネットワーク(局)はIPアドレスとドメインという"住所"を持ちます。

学習術その3
なぜインターネットは生まれたのか

- **IPアドレス** ネットワークの住所を数字で表したもの。
- **ドメイン** IPアドレスを数字ではなく文字で表したもの（例：mcs-inst.co.jp）。

2 パケット交換 局と局の間の通信ルール（一般にネットワークのルールをプロトコルという）にはパケット交換というものが使われます。これはデータを送る局がデータを一定のサイズ（これがパケット。小包という意味）に切り、この単位にやり取りするものです。

これらIPアドレス、パケット交換などのインターネットのプロトコルを総称してTCP/IPといいます。

3 WWW（World Wide Web） インターネットではパソコンのディスプレイなどへの表示を標準化する必要があります。これがWWWです。この特徴は2つです。

- **ページ** ディスプレイにはページ単位で表現する。見せる側はHTML（Hyper Text Markup Language）という言語などでページを表現し、見る側はこれが表示できるソフトウェア（ブラウザーという）を使用する。

インターネット上でのページの住所はURL（Uniform Resource Locatorの略）というルールで表現する。

- **リンク** ページとページの間はリンクとよばれる関係を持つ。リンクとはあるページの特定の箇所をクリックすると別のページへ飛ぶこと。

こうしてできたものがホームページです。ホームページというのは本来はリンクの元となる、つまり最初に見るページを指していたのですが、今ではWWWで作られたページをすべてホームページとよんでいます。

またページとページがつながった1つのグループをWebサイトといいます。

12 インターネットでビジネスをする

学習のポイント

インターネットを使ったビジネスモデルは大きくBtoB（Business to Business：企業と企業）とBtoC（Business to Consumer：企業と消費者）に分けられます。BtoBは従来のネットワークをインターネットワーキングしたものがほとんどですが、BtoCにはさまざまなビジネスモデルが生まれています。現在のBtoCのビジネスモデルは大きく次の3つのタイプに分けられます。

1 ポータルサイト型　ポータルとは玄関という意味で、ポータルサイトとは最初に見るホームページのことをいいます。このポータルサイトを提供するサービスでは、Yahoo!、Googleがその代表です。収入源はそこに掲載する広告や無料情報の提供（情報提供先ではなく、情報提供元から料金を取る。広告の一種ともいえる）などです。広告はテレビがコマーシャルを収入源にしたのと同じビジネスモデルです。テレビの視聴率にあたるものとしてページビュー数（そのホームページを見た数）、クリック数（広告に対しアクセスした数）などがあります。

検索エンジン（見たいホームページを探してくれる）などを搭載したものからスタートし、ショッピング、ニュース、ネット掲示板、チャット（おしゃべり）、利用者向けのホームページやブログ（ウェブログの略。日記のようなホームページ）の作成サポート、無料メールなどさまざまなサービスを提供しています。

学習術その3
なぜインターネットは生まれたのか

２ 商品販売型 インターネットを使った通信販売で、次のようなビジネスモデルが有名です。

サーチ&バイ型	BtoCビジネスの先駆けであるアマゾン・ドット・コムが採用したモデル。膨大な量の商品を用意し、消費者は検索エンジンなどで商品選定を行い、買い物をする。
クリック&モルタル型	店舗を持ちながらインターネットでもあわせて販売を行い、そのシナジー（101ページ）を期待するもの。
Hard to Find型	「なかなか見つからないものだけを置く」というモデル。「地方の特産品を全国に」といったものが有名。
ショッピングセンター型	インターネット上のショッピングセンター。バーチャルモールともいう。
パーソナライズ型	インターネット上で注文を受け、消費者の好みに応じて商品を作り上げていくもの。デルのパソコン販売がその走り。
オークション型	インターネットのせりによって売買される市場。CtoC（Consumer to Consumer）という新しい波が生まれた。売る方の出品だけでなく、買う方のリクエスト（逆オークションという）も加味されて、バリエーションが多数生まれている。

３ サービス型 インターネットを使ってサービスを提供するものです。携帯電話との組み合わせが多く、さまざまなバリエーションがありますが、次のようなタイプに分けられます。

予約型	ホテル、交通機関、コンサートチケット…などの予約。
金融型	ネットバンキング（銀行）、ネット証券（証券会社）など金融サービス。
コミュニティ型	同一の趣味などを持っている人が集まるインターネット上の広場を提供するもの。SNS（ソーシャルネットワーキングサービス。一般には「利用者を互いの紹介者などに限定したクローズドなネットワーク」と定義されている）で花が開いた。
教育型	WBT（Web Based Training）、eラーニングなどとよばれるものでインターネットを使った教育。
有料情報提供型	音楽、動画などが代表。一度提供したもののコピーが簡単なことが問題。これを受け、さまざまなコピープロテクト（コピーを防止する）技術が生まれている。

13 セキュリティを考える

> **学習のポイント**
>
> インターネットはセキュリティというテーマをクローズアップさせています。ここでは「1億円の価値があるデータを守る」ということを例に、セキュリティを考えてみましょう。テーマは次の4点です。

1 セキュリティ投資額 これは守るもの(データ)にいくらの価値があるか(1億円)に依存しています。「その価値の何%をセキュリティにあてるか」と考えるのが一般的です。

2 セキュリティの機能 部屋のかぎにたとえられます。まわりを壁(ファイアーウォールという)で囲い、入り口を作り、この入り口からしか入室できないようにし、入り口にかぎ(ID:Identificationの略。個人を識別すること)をかけます。IDには次の2つのやり方があります。

- **本人による証明** Know(本人だけが知っていること。パスワードなど)、Have(本人だけが持っているもの。カードなど)、Is(本人だという証明。指紋、網膜、顔など)という3つの要素を組み合わせる。
- **第三者による証明** インターネット上の電子認証局に本人だという電子証明書を発行してもらうもの。

3 セキュリティ事故 どのようなセキュリティシステム(かぎ)でもこわれることはあります。こわれてデータが読めなくなると、1億円損してしまいます。そこで"合いかぎ"を作っておくのですが、多くの場合、この"合いかぎ"であけられてしまいます。しかし世の中に万全のセキ

学習術その3
なぜインターネットは生まれたのか

ュリティシステムというものはありません。

セキュリティ事故では「データが漏れた」という結果ではなく、漏れたとしても「世間並みのセキュリティ対策（75ページの内部統制）を取っていたか」ということがポイントです。もし対策の不備でデータが漏れたりすると、その社会的ダメージは大きいといえます。

4 漏れても大丈夫　万全なセキュリティシステムがないので、データが漏れた時のことを考えておく必要があります。これが暗号と呼ばれる技術であり、漏れても"読めないデータ"にしておくということです。

暗号には2つのかぎが必要です。暗号かぎ（データを暗号にする）、復号かぎ（元に戻す）です。しかしこういう単純な2つのかぎでは自分のデータを自分で見る時はよいのですが、ネットワークで他人から本人あてに送られてくるデータを見る時は不便です。

そこで考えられたのが公開かぎ方式です。インターネットに参加する各人が2つのかぎを持って、どちらかで暗号化すればどちらかで復号化できるようにしておきます。

各人がかぎの1つをインターネットで公開し、自分にデータを送る時はこのかぎで暗号化してから送るように依頼します。そのうえでもう1つのかぎを秘密にしておけば、本人しかこの暗号データを戻せません。

逆に"秘密のかぎ"を使ってデータを暗号にしたもの（公開かぎで復号化できる）を、デジタル署名（デジタルサイン、電子署名ともいう）といいます。この暗号化の処理ができるのは秘密のかぎを持っている本人だけですので、ネットワーク上でのサイン、印鑑となります。

14 法律の世界

学習のポイント

ここからはビジネスの環境情報としての"法律"について解説します。本書でもこれまで多くの法律について触れてきましたが、ここで整理してみましょう。本項では法律の世界を、次項以降はビジネステーマ別の法律を整理していきます。

1 法律 法とは「公によって認められ、それを行うことを強制されるルール」をいいます。このうち法律とは国会で決めた法です。また次の2つの法と法律をあわせて法令といいます。

- **命令** 政府が決める法。このうち内閣として制定するものを政令、各省で制定するものを省令という。
- **条例** 都道府県、市町村など地方公共団体（地方自治体ともいう）が決める法。その中だけで適用される。

2 規制 規制とは法令などによって、何かを制限することです。規制は大きく2つに分かれます。1つは事業の実施に関する規制で、これを経済的規制といいます。この世界では次のような言葉を使います。

認可	その行為が公の機関の同意を得なければ成立しない時に使う。例えば学校の設立は国の認可がなければ学校とはいわず、学校でなければ、そこを卒業しても高校卒業などが社会的に認められない。
許可	一般的には禁止していることを免除すること。ただし、許可を受けないでその行為を行っても行為自体には法律上の効力はある。ガソリンスタンドなど。
免許	許可と同じ意味。酒類販売など。
登録	一定の事実などを、政府などに備える特定の帳簿に記載する必要がある時に使う。証券会社など。
届出	一定の事柄を公の機関に知らせる義務がある時に使う。美容院開業など。

学習術その4
法律は「何が決まっているか」を知る

　ざっくりいえば認可、許可、免許は「おかみ」のOKなしにはできず、登録、届出は「基本的にはやってもよいが、やる時は教えなさい」ということです。

　もう1つの規制は156～157ページで述べる消費者や環境を守るためのもので、これを社会的規制といいます。

3 法律のプロ　これには次のような人たちがいます。

法曹	司法試験に合格して資格を得た人たち。職種は裁判官、検察官、弁護士の3つ。
準法曹	法曹以外で法律の仕事を全般的に行う人。司法書士（裁判所、検察庁、法務局など司法への提出資料の作成を支援、代行）、行政書士（国、地方公共団体への資料の作成を支援、代行）、公証人（法務局にいて公正証書の作成を支援、代行したり、その他の証書、定款などの認証をする人）など。
特定の法律のプロ	弁理士（特許などの知的財産のプロ。その登録、出願の代行などを行う）、税理士（税務書類作成の支援、代行）、公認会計士（25ページにあるように有価証券報告書を監査する）、社会保険労務士（社会保険に関するプロ）など。

4　裁判　裁判所が法によって"争いごと"の決着をつけることです。争いの種類によって民事裁判（個人や企業の二者間の争い）、刑事裁判（犯罪に関するもの）、行政裁判（国や地方公共団体の権利・義務についての争い）の3つに分かれます。学校で勉強したように原則3回まで（三審制という）裁判を受けることができます。

　民事裁判の流れは次のようなものです。

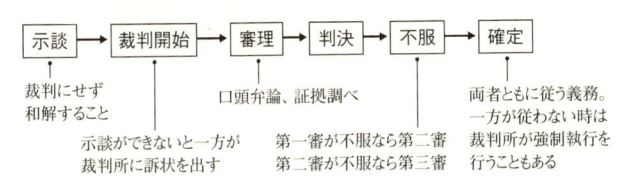

示談 → 裁判開始 → 審理 → 判決 → 不服 → 確定

- 示談：裁判にせず和解すること
- 裁判開始：示談ができないと一方が裁判所に訴状を出す
- 審理：口頭弁論、証拠調べ
- 不服：第一審が不服なら第二審 第二審が不服なら第三審
- 確定：両者ともに従う義務。一方が従わない時は裁判所が強制執行を行うこともある

　刑事裁判は捜査➡審理➡判決と進みます。テレビで見たことがあると思います。

15 インターネットに関する法律

学習のポイント

インターネットの普及は法律に2つのインパクトを与えました。1つ目はセキュリティ犯罪が急増し、これを従来の法律で取り締まることが難しいこと、2つ目はインターネット上の情報を文書と考えるかという点です。

1 セキュリティに関する法律 次の2つの法律が大切です。
- **不正アクセス禁止法** 従来の法律では、ただアクセスするだけ（いわゆる盗み見、盗聴など）では罪になりませんでした。この法律では「他人のIDやパスワードを使ってコンピュータネットワークにアクセスすること」を不正アクセスと定義して禁止し、あわせて助長行為（ID、パスワードなどを本人に無断で提供すること）も禁止し、それぞれ罰則規定を定めています。

またアクセス管理者（ID、パスワードの発行元となるネットワーク会社、一般企業など）が防御措置を取ること、国や地方公共団体が援助することを定めています。
- **個人情報保護法** まず用語を次のように定義しています。

個人情報	生存する個人に関して、個人を識別できる情報。氏名など特定の個人が特定できれば対象。顧客番号のみで誰かを特定できなければ対象外（法人そのものの情報は対象外）。
個人情報データベース等	個人情報が書かれている情報の集まり。
個人情報取扱事業者	個人情報データベース等を事業に用いている者。

そのうえで個人情報取扱事業者の主な義務を次のように

学習術その4
法律は「何が決まっているか」を知る

定めています。
- 利用目的をできる限り特定する。
- あらかじめ本人の同意を得ないでの、利用目的以外の取り扱いは不可。
- 不正な取得の禁止。取得の際には利用目的を公表または本人に通知する。
- 個人情報を正確かつ最新の内容に保つよう努め、安全管理に関し適切な措置を取る。
- あらかじめ本人の同意を得ないで、個人情報を第三者に提供してはならない。
- 個人情報取扱事業者の名称、利用目的などを本人の知りえる状態にしておく。
- 本人の開示要求、訂正要求、利用停止要求には応じる。

この法律の主旨は「個人情報を扱ってはいけない」というものではなく、「適切に扱いなさい」というものです。

2 ネットワーク上の文書に関する法律 次のようなものがあります。

電子帳簿保存法	コンピュータ内のデータも一定の要件を満たした時、「税法上の帳簿」として認める。
IT書面一括法	電子メールなど電子的手段（要するにネットワークなど）による書面交付や手続きについて、関連する法律を一括して改正したもの。
電子署名法	電子署名（151ページ）、電子証明書（150ページ）について定めている。
電子契約法	B to Cにおいて消費者側の操作ミスの救済などを定めている。
行政手続オンライン化法	国、地方公共団体への申請、手続きを原則としてネットワークでできるようにする。
e文書法	民間事業者に各種の法律などで保存が義務づけられている文書を、コンピュータなどで保存することを原則としてすべて認めようというもの。詳細はケースバイケースで省令などにより定めるとしている。

第4章 情報に関する常識

16 | 消費者と環境を守る法律

学習のポイント

近年、経済的規制（152ページ）の緩和（一般にいわれる規制緩和）は進んでいますが、一方で消費者および地球環境を守る社会的規制はその強化が進められています。

1 消費者を守る法律 消費者基本法（消費者保護に関する基本的な考え方を書いたもの）のもと、大きく次の2つの分野についての法律があります。

- 安全性の確保に関する法律

製造物責任法	通称はPL法（Product Liability）。製造物の欠陥に関しての損害賠償を定めたもの。
食品衛生法	食品や添加物の禁止物、器具および容器包装の安全性、表示や広告の規制を定めたもの。
薬事法	医薬品などの基準、製造、販売の規制を定めたもの。
消費生活用製品安全法	家庭用品の安全基準、その検査機関について定めたもの。

- 特殊な売買契約　特定商取引法で次のような特殊な販売方法について消費者保護を図っています。

訪問販売	営業所、店舗以外の場所で事業者が行う販売が対象。家庭への訪問販売の他、キャッチセールス(路上で呼び止めて営業所に同行)、アポイントセールス（電話などで販売目的を告げずに営業所へ呼び出し）も含まれる。
通信販売	郵便、電話、インターネットなどの通信手段を使って売買契約を行うもの。
電話勧誘販売	電話で勧誘して販売するもの。
連鎖販売取引	親子関係を作って次々と金品を出資、受領をくり返していくもの（ねずみ講）は「無限連鎖講の防止に関する法律」で禁止されている。ここでいう連鎖販売取引とは俗にマルチ商法などとよばれるもので、物品を販売する際、個人を販売員として勧誘し、さらに次の販売員を勧誘させる形で連鎖的に行うものをいう。

学習術その4
法律は「何が決まっているか」を知る

特定継続的役務提供	長期・継続的サービスで高額なもの。現在エステティックサロン、語学教室、家庭教師、学習塾、パソコン教室、結婚相手紹介サービスの6サービスが対象。
業務提供誘引販売	いわゆる内職モニター商法のことで、「仕事を提供するので収入が得られる」として誘引し、その仕事のためにといって物品を販売すること。

これらに該当する販売に関しては、氏名などの明示義務、不当な勧誘行為の禁止、広告規制、契約書面の交付義務、ネガティブオプション（売買契約してないのに商品を送りつける）の規制を定め、通信販売以外にはクーリングオフ（一定の期間内であれば無条件に申込をキャンセルできる）を認めています。しかし近年、新タイプの商法が次々と現れるようになり、その販売方法の定義が難しくなってきました。そこで消費者契約法によって、企業と消費者の契約において、企業側に不適切な行為があった時は、消費者は原則として契約を取り消すことができることとなりました。

2 環境を守る これには次のようなものがあります。

環境影響評価法（環境アセスメント法）	特定の事業が環境にどのような影響を与えるかを事前に調査、公表し、実施の可否を考えるものを環境アセスメントという。この環境アセスメントの手続きなどについて規定している。
リサイクルに関する法律	循環型社会形成推進基本法を基本とし、廃棄物処理法で廃棄物を定義し、資源有効利用促進法で考え方を決め、資源ごとに××リサイクル法（容器包装リサイクル法、家電リサイクル法…）を定めてリサイクルの仕方を決めている。

地球環境に関しては、次のような条約や議定書（国際会議で各国が合意・署名したもの）があり、それに基づいて日本の法律が作られています。

対象	条約・議定書	日本の法律
地球温暖化	京都議定書	地球温暖化対策推進法
オゾン層保護	ウィーン条約＆モントリオール議定書	オゾン層保護法、フロン回収破壊法
野生動物保護	ワシントン条約	種の保存法

17 標準化とISO

学習のポイント

取引や契約において、その相手の商品・サービスが一定のレベルにあることを、公的機関が証明する(これを認証という)というのは、社会的に見て合理的といえます。
この認証のベースとして使われているものが「標準」であり、認証機関によって「社会的水準(標準)まで達している」という形で認証されます。

1 国内の標準化　工業の標準化を推進するものとして工業標準化法(通称JIS法)があり、次のようなことを規定しています。

・工業製品の形状、品質、性能、生産方法などを「日本工業規格」(JIS:Japanese Industrial Standards)として標準化する。
・メーカーなどは登録認証機関(国から登録を受けた民間の第三者機関)において、自らの製品がJISを満たしていることの認証を受けると、その製品にJISマークを表示できる。
・工業標準化のための審議会として、日本工業標準調査会(JISC)を経済産業省に置く。

2 国際標準化　国際的な標準化としてはISO(International Organization for Standardization:国際標準化機構。ギリシャ語の「isos:相等しい」からきている)があります。ISOには日本からJISCが加入し、日本でのISO窓口となっています。

ISOでもJIS同様に認証機関(認定を受けた第三者機

学習術その4
法律は「何が決まっているか」を知る

関)を通じて認証を行っており、これを適合性評価といいます。

　ISOでは商品、サービスだけでなく、それを生み出すシステム(マネジメントシステムと表現している)の標準化も行っており、これについても認証を行っています。ただしマネジメントシステムについては認証といわず「審査登録」という言葉を使っています。

　ISOの標準規格としては次のものが有名です。
- **ISO9000シリーズ**　品質管理に関する規格で、ISOの9000番台(規格番号)にあるので、ISO9000シリーズ(単にISO9000ともいう)といわれている。このうち品質マネジメントシステムへの要求事項(審査登録に必要な事項)はISO9001に規定されている。
- **ISO14000シリーズ**　組織の環境に果たすべき役割について規定したもので、やはりISOの14000番台にあるのでこういわれている。このうち環境マネジメントシステムへの要求事項はISO14001に規定されている。

18 知的財産に関する法律

学習のポイント

知的創造活動（頭を使った活動）によって生まれるものを知的財産、これに関する権利を知的財産権（知的所有権ともいう）といい、いくつかの法律で守られています。
知的財産権は産業財産権（以前は工業所有権といっていた）と著作権（芸術が出発点）に分かれ、次のようなものがあります。

1 産業財産権　この代表は特許権であり、特許法で保護されています。主な内容は次のとおりです。

保護対象	発明。発明とは自然法則を利用した技術的思想の創作のうち高度なもので、自然法則自体や発見は含まれない。モノ、技術、生産方法だけでなく、ビジネスモデル、コンピュータソフトウェアなどの発明も対象。
登録	発明は特許として出願し、登録されることで特許権が与えられる。出願後審査し、1年6ヵ月経つと審査状況によらず、その内容が公開される。
保護期間	特許権は出願後20年間有効。医薬品などは最長5年の延長が可能。
先願主義	全く同じ発明は出願が早い方が優先される。
実施権	特許権を持つ人は発明を独占的に実施し、他人の使用などを排除することができる。この実施権（特許を実施する権利）を譲渡したり、ライセンスすることができる。実施権には専用実施権（実施するだけでなく特許を他人に使わせない権利）、通常実施権（実施するのみ）がある。
職務発明	企業の従業員による職務中の発明。使用者（企業）は通常実施権を持ち、かつ予約承継（あらかじめ使用者に対して特許を受ける権利、特許権を承継する権利、専用実施権を設定することを定めた労働契約や就業規則のこと）を認めている。ただし、その場合、従業員（発明者）は相当の対価を得る権利を持つ。

学習術その4
法律は「何が決まっているか」を知る

その他の産業財産権としては次のようなものがあり、特許同様、独占的権利が認められています。

権利（法律）	対　象	保護期間
実用新案権 （実用新案法）	実用新案とは物品の形状、構造、組み合わせに関する考案のこと。特許とほぼ同じものだが、高度さが要求されない（小発明とよばれる）。	10年
意匠権 （意匠法）	意匠とは物品の形状、模様、色彩、およびこれらの結合で、視覚を通じて美感を起こさせるもののこと。いわゆるデザイン。	20年
商標権 （商標法）	商標とは自社の商品・サービスと、他社のものとを識別するために使われる名前、シンボル、デザイン、色彩、その結合体のこと。サービス業が使う時はサービスマークともいわれる。	10年 （更新も可）

2 著作権　著作物は著作権法で守られており、その概要は次のとおりです。

対象	著作物（思想、感情を創作的に表現したもの）。コンピュータプログラム（ただしプログラム言語、規約、解法は対象外）、データベースも対象。
著作者	著作権はすべて著作者にあり、一切の手続は不要（無方式主義という）。
著作権の内容	著作者人格権（公表権、氏名表示権、同一性保持権から成る。他人への譲渡はできない）、著作財産権（コピー権、上演権、演奏権などがあり、他人への譲渡は可）の他、著作隣接権（著作者以外に実演者、レコード製作者、放送事業者に与えられる権利）がある。
期間	原則として創作の時から生まれ、個人では死後50年間、法人などは公表後50年。
保護対象外	私的使用のコピー、公衆の図書館で利用者が求めるコピー、学校教育で必要と認められる限度のコピー、および公表された著作物を報道、批判、研究などの目的のために正当な範囲内で引用することは認められている。

第4章　情報に関する常識

常識トレーニングその4
自社の情報システムに意見を言おう

　ITの常識を持ったあなたは自社の情報システムにも意見を言いましょう。そうすればITを使えるエリートビジネスマンに見えます。

「そんなレガシーシステムを一生懸命守るんじゃなくて、どうやったら捨てられるかを議論すべきでしょう」

「『プログラムを作る』という発想を捨て、ITからサービスを受けると考えましょうよ。ITの中はブラックボックスでもいいじゃないですか。多少価格が高くても稼働責任はITベンダーに取ってもらって、SLAを組んで、我々はサービスに対するニーズをきちんと伝えましょうよ」

「他社と共同でやって開発費分担するよりも、ベースはERPにして、それ以外はSaaSをうまく使いましょうよ」

「データをいくらためても使えないでしょ。どうやったら情報になるかを考えましょうよ」

「我が社の暗黙知は団塊の世代のリタイアとともに消えてしまいます。何とかナレッジベースとして残していきましょうよ」

「そんなにエクセルでレポートの山を作ってどうするんですか。データはマイニングしなきゃ」

「予測はITにやらせましょう。あたるかあたらないかなんて神様しかわからない。ITでやれば予測があたらなくても、どうしてあたらないかがわかるでしょう」

「インターネットの時代にどうやったら他社とネットワークできるかなんて議論は無意味でしょう。どうやったら『つながらないか』というセキュリティを考えるべきでしょう」

「セキュリティを厳しくすれば、セキュリティ事故が起きないわけじゃないでしょう。企業としてどのような内部統制の仕組とするかを経営が意思決定すべきでしょう」

第5章 知識のクロスオーバー

これまで得たヒト、カネ、モノ、情報に関する常識をクロスオーバーさせていきます。

■クロスオーバーその1
ヒトとカネの関係 ➡ 給与、予算システム

■クロスオーバーその2
ヒトとモノの関係 ➡ セールス、リスク分析

■クロスオーバーその3
ヒトと情報の関係 ➡ 人事評価、コミュニケーション、ITリテラシー

■クロスオーバーその4
カネとモノの関係 ➡ 経済学、景気

■クロスオーバーその5
カネと情報の関係 ➡ CVP分析、情報の価値

■クロスオーバーその6
モノと情報の関係 ➡ 作るためのIT、買うためのIT、売るためのIT

01 給与の仕組

学習のポイント

ビジネスにおけるヒトとカネの関係といえば、何といっても給与です。給与では3つのことがポイントです。1つ目は仕組、2つ目は最近の傾向、3つ目は税金との関係です。この3つに分けて整理していきます。
本項は給与の仕組です。

1 給与の定義 給与、給料、賃金、手当……。あまり違いを意識せずに使われています。カネは52ページで述べたように定義が大切です。しっかり決めているのは法律（労働基準法、税法など）です。労働基準法では使用者から労働者に支払われる労働対価の総額を賃金といい、税法では給与といいます。これをベースとして本書では次のように定義します。

・給料…約束した勤務時間に対して支払われる労働対価。
・手当…生活実態（扶養手当、住宅手当……）や勤務状況（時間外手当、賞与、退職金……）に応じて支払われるもの。給料を補てんするもの。
・給与＝賃金＝給料＋手当

2 支払い原則 給与には「通貨払い」（カネで払う。現物給与は原則としてダメ）、「直接払い」（本人に支払う）、「全額払い」（強制貯金はダメ）、「毎月払い」（少なくとも毎月1回払う）、「一定期日払い」（「毎月中頃に払う」はダメ）という支払い5原則があります。

導入が進んでいる年俸制も、「1年に1回支払う」というわけにはいかず、少なくとも毎月1回は決められた日に払

クロスオーバーその1
ヒトとカネの関係

わなくてはいけません。年俸制は1年分の給与総額をあらかじめ決めておき、毎月支払われるもので普通の給与と支払い方は変わりません。

3 給与の種類 給与はその支払い対象によって次のように分かれます。

対象	内　容	給与
時間	当月などの労働時間	時間給
	過去の累積の労働時間（何年働いたか）	年功給
仕事	担当している仕事	職務給
	仕事の結果	業績給（成果給）
人	仕事を遂行する能力	能力給（職能給）
	その人の属性	属人給

一般にこれらが月給（月単位に支払われる給与。週単位の給与は週給）、賞与、退職金といった形で支払われます。給与の仕組は企業によって違いますが、一般的な仕組を上記支払い対象について整理すると次のようになります。

月給	月給は労働時間×賃率（時間あたり給与）という形で支払われる。労働時間は時間給であり、期初に約束した時間（所定労働時間）に対する給料と時間外手当に分けて支払われる。賃率は年功給、業績給、能力給および一部属人給（学歴など）から成る。
賞与	もともとは盆・暮れの温情的手当（属人給の一種）としてスタートし、給与の後払い的意味を持つようになった。現在は年功給、業績給、能力給を組み合わせて払うのが一般的。
退職金	給与の後払いと考えられ、「ベース×支給率」という形で支払われるのが一般的。ベースは年功給（勤続年数）を中心に業績給、職務給、属人給などの組み合わせ、支給率は主に年功給。したがって勤務年数に応じて累乗的に高くなっていく。
その他手当	月給とともに月々支払われることが多い。職務給（管理職手当、営業手当…）、属人給（扶養手当、住宅手当…）が主流。

02 給与が変わる

学習のポイント

給与には「使用者が労働者に働いた分を支払う」というイメージがあり、各種の法律もこれがベースとなっています。しかし現代の大企業にはサラリーマン経営者も多く、彼らも給与を受けます。ここでは「給与支払い」ではなく「給与分配」が適切な表現といえます。

P/Lでは「『入ってくるカネ』(収益) －『出ていくカネ』(費用) ＝『手元に残るカネ＝もうけ』(利益)」として計算します。そのうえでこの「もうけ」(利益)を株主(配当)、社会(税金)、会社(会社自らのために使う。内部留保という。B/Sの剰余金にあたる)が分け合います。これは主に配当、税金を決めるための会計ルールであり、給与は費用(「出ていくカネ」)として計算されます。しかし配当、税金が利益という「もうけ」の一部で、会社の構成メンバーである従業員の受け取る給与が「出ていくカネ」というのはどう考えても変です。

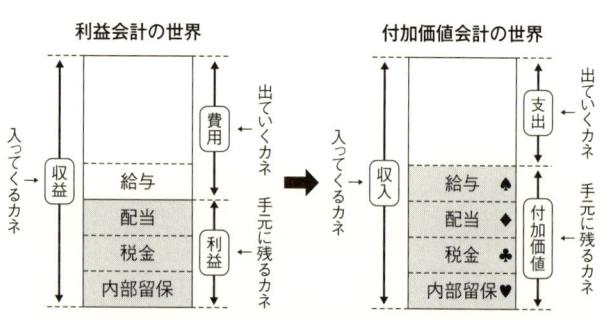

利益会計の世界

入ってくるカネ → 収益
- 給与
- 配当 ┐
- 税金 ├ 利益
- 内部留保 ┘
費用／利益 → 出ていくカネ／手元に残るカネ

➡

付加価値会計の世界

入ってくるカネ → 収入
- 支出
- 給与 ♠
- 配当 ♦
- 税金 ♣
- 内部留保 ♥
支出／付加価値 → 出ていくカネ／手元に残るカネ

♠ 従業員へ分配　♦ 株主へ分配　♣ 社会へ分配　♥ 会社へ分配

クロスオーバーその1
ヒトとカネの関係

　前ページの右の図のように給与も"もうけ"（「手元に残るカネ」）に入れて（「出ていくカネ」には入れないで）、「もうけの分け前を従業員（経営者も含め）が受ける」と考えた方が実体に合っています。このようにして計算したもうけが20ページで述べた付加価値です。付加価値を従業員、株主、社会、会社というステークホルダー（36ページ）が分け合うと考えます。

　そのうえで「給与総額を付加価値の一定比率とする」と決めます。この比率（労働分配率という。wで表す）を、株主と「給与を受け取る従業員の代表者としての経営者」が合意しておくようにします。

$$\frac{給与総額}{付加価値} = \frac{給与総額}{給与総額 + 利益} = w$$

　これを給与総額について解くと次のようになり、給与総額は利益の一定比率（$\frac{w}{1-w}$）となります。

$$給与総額 = 利益 \times \frac{w}{1-w}$$

　ここで配当を利益の一定比率（税金は一定比率です）とすれば内部留保も利益の一定比率となります。つまり、給与、配当、内部留保、そして利益がすべて付加価値の一定比率となります。そうなると付加価値、利益が上がれば先のステークホルダー4者がすべて喜ぶことになり、目標が一致し、しかも税金でCSR（37ページ）も果たすことになります。

　あなたの会社が今このようになっていなくても、企業全体としてはゆっくりとこの方向に向かっていることを常識として知っておきましょう。

第5章　知識のクロスオーバー

03 所得としての給与

学習のポイント

給与の3つ目の見方は税金との関係です。税法では給与を所得の1つとしてとらえています。

1 所得の種類 税法では所得を利子所得（預金の利子など）、配当所得、不動産所得（家賃収入など）、事業所得、給与所得、退職所得（退職金のこと。税の計算法が違うので給与所得と分けている）、山林所得、譲渡所得（財産を売って得た所得）、一時所得（臨時収入）、雑所得（その他）の10種類に分けています。個人の所得の計算期間は1月1日～12月31日で、その1年間のすべての所得を合算して税額の計算を行います。

2 税額の計算 「収入－必要経費－所得控除＝所得」として計算します。必要経費とはその収入を得るためにかかったカネのことです。ここからさらに政策的に所得を減らします。これが所得控除であり、政策的なのでよく変更になります。所得控除には基礎控除（すべての人が所得を一定額下げて計算）、医療費控除、社会保険料控除、生命保険料控除、損害保険料控除、配偶者控除、扶養控除……などがあります。

こうして計算された所得に税率を掛けると、所得税が計算されます。所得税率は累進税率（所得が大きい部分ほど税率が高い）です。

さらに政策的に税額自体を小さくすることもよく行われます。これを税額控除といいます。

クロスオーバーその1
ヒトとカネの関係

3 給与所得 **2**はすべての所得に共通するものですが、給与所得の税額の計算についてはいくつか特別なルールが決められています。

「収入」はもちろん給与ですが、「必要経費」は原則として「いちいちかかったカネを計算する」のではなく、給与額によって一律に決められている「給与所得控除」（給与を得るために「個人的にかかったであろう費用」）を必要経費と考えます。

所得税は自分で計算して申告するのが基本です。しかし、給与所得などは源泉徴収という方法を取ります。これは給与を支払う時に、企業などの支払者が一定のルールに基づいて支払額からそれに対する所得税額相当分を引いて支払い、所得者に代わってその税を納めるというものです。そのうえで企業は年末に各人の総給与所得から年間の税額を計算し、すでに支払った源泉徴収額を差し引きして所得税の不足分を徴収したり、過払い分は還付したりして調整します。これが年末調整です。

給与所得のみの人は、原則として勤務先などで年末調整をしてもらえば個人ごとに申告する必要がありません（給与が2000万円を超える人など特別な人は自分で申告します）。それ以外の所得のある人は、年に一度所得額を自ら計算し、源泉徴収された分などを引いて、支払う税額を計算し、自ら申告しなくてはなりません。これによって税額が決まるので、この手続きを確定申告といいます。

04 予算で企業をシステム化する

学習のポイント

「ヒトとカネの関係」のもう1つは予算システムです。予算（バジェット：budget）とは「予め計算する」という意味です。会社における予算システムはカネに関する目標について、働く現場と経営を橋渡しするものです。

1 限界利益と予算 限界とは「1単位増えると」という意味で、限界利益とは「今の状態から販売が1単位増えたら"増える利益"」のことです。飲料を1本（1単位）80円で仕入れ、100円で売っている会社なら、限界利益は20円です。

しかし多くの会社では色々な商品を売っており、1単位という概念はとらえづらいといえます。そこで「1円売上が増えたら、いくら利益が増えるか」と考えます。これを限界利益率といいます。先ほどの会社でいえば100円売れば20円もうかるので、限界利益率は0.2です。1円売上が増えれば0.2円利益が増えます。

この会社で1ヵ月間の経費が40万円の時、月にいくら売れば収支トントン（損益分岐点という）になるでしょうか。1円売ると0.2円利益が出るので、40万円÷0.2円＝200万円です。来月の目標利益を20万円とすると、さらに20万円÷0.2＝100万円で、300万円の売上が必要です。つまり計300万円の売上で目標利益20万円を達成します。これを式で表すと次のようになります。

$$（目標利益 + 経費）÷ 限界利益率 = 目標売上$$

この式は目標利益を目標売上に変えています。これを使えば、会社の目標利益を現場でコントロールしやすい目標売上に変えることができます。

2 予算システムのフロー 限界利益をベースとして予算システムは次のように進めていきます。

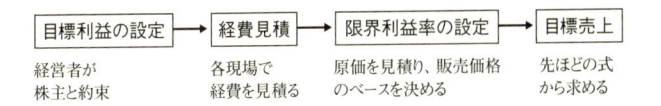

目標利益の設定	→	経費見積	→	限界利益率の設定	→	目標売上
経営者が株主と約束		各現場で経費を見積る		原価を見積り、販売価格のベースを決める		先ほどの式から求める

この目標売上は販売部門の各グループ、各人に配賦されます。配賦方法はパーヘッド（1人あたりの目標を同じにすること）、パイ（120ページのポテンシャルパイなど）などが用いられます。しかしこのままでは現場から見れば「天から降ってきた目標」となってしまいます。

一方で販売部門の各グループ、各人が売上の予測を行います。一般に目標売上＞予測売上となるので、これをイコールになるように経営者、マネジャーたちが調整を行います。この仕事を予算調整といいます。具体的には経費を変えたら、販売価格を変えたら、コストダウンできたら、担当者を変えたら……と考えていきます。

目標売上＝予測売上となると予算は確定です。これによって売上予算、原価予算、経費予算などが決まり、これが各部門の目標となります。

メーカーでいえば、販売部門が約束した販売価格と販売経費のもとで売上予算を達成し、生産部門が原価予算内で生産し、スタッフが経費を予算内に抑えれば目標利益を達成します。これが予算とよばれるシステム（各要素のベクトルが合った状態）です。

05 セールスをモデル化する

学習のポイント

「ヒトがモノを売る」という仕事はほとんどすべての企業にあり、セールスといわれます。現代のセールスのキーワードは継続性、そしてソリューションです。

1 セールスの定義 辞書によればsaleは「販売」と書いてあり、salesはその複数形です。したがってセールスは「継続的な販売活動」と定義できます。日本語では営業(辞書には「継続的な販売活動」と書いてある)と訳されます。セールスマンは日本語では営業員であり、販売員ではありません。販売員は「一見(いちげん)の客」(英語ではゲストという)に商品を売る人、セールスマン(営業員)は継続的な客(英語ではカスタマー。そのうちもっとも大切な客が122ページのロイヤルカスタマー)に商品を売り続ける人と定義できます。

2 ソリューションセールス 多くの企業でセールスの継続性が注目され、セールススタイルが変化しています。従来型セールスの典型は「商品を売り切る」というもので、いわゆるプッシュセールスです。優秀なプッシュセールスマンは「買いたくない人にも売ることができる」「普通なら売れない商品、他の人が売れない商品を売ることができる」という人です。

しかし企業において「顧客が買いたくない」「商品が売れない」ということを前提にして戦略を立てるのは問題があります。売れない商品は「売れない」のであって、それはセールスマン個人の責任ではありません。企業の責任で

何とか「売れる商品」に変身させるべきです。

　セールスの原点は「売れるはずの商品が売れない」「商品の良さや使い方を知らないから売れない」というものです。この考えに則ったものをソリューションセールスといいます。ソリューションとは131ページで述べたように「顧客がこの商品を使えば、こういう課題がこうやって解決されるはずだ」という仮説を立て、顧客に提案するものです。

3 セールスモデル　セールスのやり方を標準化したものをセールスモデルといいます。従来のプッシュセールスではモデル化するのではなく、「土下座してでも売ってこい！」「じゅうたん爆撃」といった精神論が中心でした。

　ソリューションセールスにおいては、一般に次のようなステップでモデル化しています。

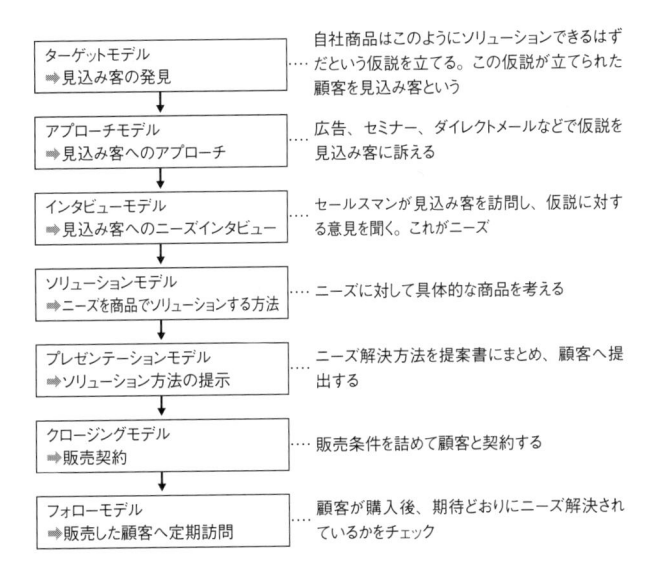

ターゲットモデル ➡見込み客の発見	自社商品はこのようにソリューションできるはずだという仮説を立てる。この仮説が立てられた顧客を見込み客という
アプローチモデル ➡見込み客へのアプローチ	広告、セミナー、ダイレクトメールなどで仮説を見込み客に訴える
インタビューモデル ➡見込み客へのニーズインタビュー	セールスマンが見込み客を訪問し、仮説に対する意見を聞く。これがニーズ
ソリューションモデル ➡ニーズを商品でソリューションする方法	ニーズに対して具体的な商品を考える
プレゼンテーションモデル ➡ソリューション方法の提示	ニーズ解決方法を提案書にまとめ、顧客へ提出する
クロージングモデル ➡販売契約	販売条件を詰めて顧客と契約する
フォローモデル ➡販売した顧客へ定期訪問	顧客が購入後、期待どおりにニーズ解決されているかをチェック

06 リスクは消えない

学習のポイント

現代セールスにはもう1つ大きなテーマがあります。それは"売った後"のことです。セールスを「継続的な販売活動」と考えれば、むしろこちらの方が大切です。ここではリスク分析という考え方が取られます。

品質保証（95ページ）をしても"必ず"起きるエラーがあります。「不良品を良品と判断してしまう」という「第2種の誤り」（94ページ）です。これによってどんな企業でも、どんな仕組を取っても、不良品が顧客の手に渡ってしまう可能性があります（この確率をゼロにはできません）。このエラーは不良品が誰かの手に渡ってから（つまり売った後で）、不良を見つけてもらうしかありません。しかし商品を売ったセールスマンや作った工場のメンバーは「不良品ではない」と思って作り、売っています。もっといえば仮に不良品だとしても、「顧客には気づいてほしくない」「不良品とはいえない」と考えてしまいます。

そこで多くの企業はこの販売、生産などのラインからは完全に独立した経営者直轄のスタッフとして、「不良品への対応窓口」（「お客様相談室」といった名前が多い）を作っています。そしてこの窓口を中心に不良品の発見、対応を"しっかり"やっていこうとしています。

この行動を支えるものがリスク分析です。これは不良品に限らず、企業が抱えるリスク（起きるかもしれないトラブル）に対しての基本的なアプローチ法です。リスク分析は次の4つのことがポイントです。

クロスオーバーその2
ヒトとモノの関係

- **リスクは消えない**　まだ起きていないトラブル（リスク）を未然にすべて防止することはできません。例えば食品メーカーで自社商品への異物（入っては困るもの）混入を完全に防ぐことはできません。そもそも異物が入っていないことが証明できません。全部開封して調べたら、売るものがなくなってしまいます。ですから不良品を見つけても驚いたり、隠したりしないことです。
- **リスク発生を減らすことはできる**　リスクの発生確率を落とすことはできます。不良品でいえば品質向上です。しかし94ページで述べたように絶対品質にはたどり着けません。
- **発生時対策を考える**　リスクは起こり得るものですから、そのトラブルが"起きた時のこと"を考えます。不良品が出ないことを願っても仕方ありません。「出た時どうするか」を出ないうちに冷静に決めておくことです。これがコンティンジェンシープランです。不良品というリスクであれば「顧客からクレームが入ったら、どんな場合でも一切隠さず公表すると決めておく」といったことです。
- **内部統制**　こういったリスクを減らし、コンティンジェンシープランなどのリスクの発生時対策を施していくことが75ページで述べた内部統制です。内部統制はインターナルコントロールの日本語訳です。コントロールとは「これをやってはいけない。これをやらなければいけない」というルールや手続きのことです。内部統制とはこのコントロールを企業内部に持つことを指します。

07 人事評価は価値算定

学習のポイント

組織において"ヒトに関する情報"の第1は人事評価です。人事評価の世界は経理と同様に独特の言葉があってわかりづらいといえます。

1 定義 人事評価と似たような言葉に人事考課、人事査定というものがあります。考課は「成績を調べて優劣をつける」、査定は「調べて等級、金額などを決める」という意味です。この2つには「上司が部下の成績をつけ、その優劣を決める」というイメージがあります。

現代の多くの企業では考課、査定という表現をやめ、人事評価とよんでいます。評価とは「価値を算定する」という意味で、人事評価は「人のやった仕事や能力などの価値を算定する」という意味になります。現代の人事評価のキーワードはこの「価値」です。

2 評価エラー 人事評価で評価者（上司など）が陥るミスとして次のようなものがあります。

- ハロー効果 何か1つのことが良い（悪い）と、何もかも良く（悪く）評価してしまうこと。
- 中心化傾向 「普通」（5点満点なら3点）あたりに評価が集中すること。
- 寛大化傾向 どうしても甘く評価してしまうこと。

3 目標管理 この評価エラーを排除し、かつ各人のモチベーションを高めるために多くの企業では目標管理（47ページ）という仕組を導入しています。目標管理の意味は時間とともに変わってきましたが、現代では「業績や能力

向上について、上司のサポートを受けながら、自分の目標を自分で立て、自分でマネジメントしていくこと」と定義されます。この内容を記述したものは、目標管理シート、目標管理記述書、目標設定シート、チャレンジシート……など企業ごとに異なる名前でよばれています。

4 人事評価のトレンド 人事評価にはトレンドというよりもブームのようなものがあります。主なものは次のようなものです。

- **相対評価から絶対評価へ** 他人の評価結果の影響を受ける相対評価（基準点100点でAさんを102点としたら、Bさんを98点として、平均を100点とする）ではなく、影響を受けない絶対評価にすべきというもの。

- **減点評価から加点評価へ** 人事評価では悪いところを見つけて減点していくのではなく、良いところを見つけて加点する方式を取るべきというもの。

- **多面評価** 上司が部下を評価するだけではなく、さまざまな人を評価者としていくというもので、360°評価ともいう。部下が上司を評価するというパターンが典型的なもので、近年多くの大企業で採用されている。

- **コンピテンシー** 仕事をした成果をパフォーマンスといい、このパフォーマンスが高い人をハイパフォーマー、この人の取る行動をコンピテンシーという。このコンピテンシーを人事評価の基準（この人の行動にどれくらい近いか）にしようという考え方。

08 コミュニケーションは非同期へ

学習のポイント

コミュニケーションは下図のような構造を持ち、同期と非同期の2つに分けることができます。
同期とは、面談や会議のように発信者と受信者が時間を共有してコミュニケーションを行うものです。
非同期とは、発信者が送りたい時に情報を送り、受信者が受けたい時にその情報を受けるもので、その代表はメール（以前はeメール、電子メールといっていた）、ネット掲示板です。ネット掲示板とは「ネットワーク上で自由に書き込みができるもの」で、電子掲示板、BBS（Bulletin Board System）ともいいます。

コミュニケーションは下図のような構造です。

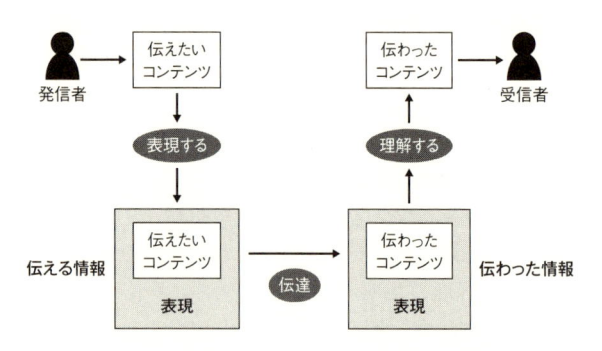

コミュニケーションにはスピード、ロス、柔軟性という3つの指標があります。この3つの指標で同期と非同期のコミュニケーションを評価すると次のようになります。

クロスオーバーその3
ヒトと情報の関係

指標	同期	非同期
スピード	発信と受信が同時に終わるため速い。	発信者から見ると相手が受信するまで終わらない。
ロス	「言った、言わない」のロスが出る。一方、コンテンツを理解したかどうかを表情、質疑応答でチェックできる。	発信したコンテンツは相手に伝わったことはわかる。一方、相手が理解したかどうかのチェックが難しい。
柔軟性	時間を共有するためにどちらかの都合に合わせる必要がある。合わせる方は大きな負担。	左記の課題を解決する。各人が自由にいつでもコミュニケーションできる。

　ビジネスにおけるコミュニケーションは非同期へと急速に変化しています。その理由は次のとおりです。

- **組織のフラット化**　同期コミュニケーションでは、上司が部下の仕事中に発生した問題点を1つずつ聞いて、順に処理していくことになります。これでは部下の数が多いと待ち行列が長くなって処理できません。これが38ページで述べた管理範囲です。一方、コミュニケーションを非同期にすればメンバーからの情報を随時受け、大切なことから処理していくことができます。これによりマネジメント効率が上がり、管理範囲が広がります。フラット化するために管理範囲の拡大が求められている現代組織において、メールは必須ツールとなっています。

- **働くスタイルの多様化**　フレックスタイム(働く人が始業、終業の時間を自由に決められるもの)、在宅勤務(自宅で仕事をする)、アウトソーシング、派遣、企業同士のアライアンスといった形で働くスタイルは多様化しています。ここにメールの柔軟性が強く求められています。

- **メール世代の増加**　生活の中ですでにメールをコミュニケーションの主要ツールとしている世代が、どんどん企業に入社しています。この波はこれからもますます大きくなっていきます。

09 ITリテラシーの逆転

学習のポイント

ITリテラシー（単にリテラシーともいう）とは、パソコンなどのITを操作する能力のことをいいます。これは持って生まれた力というよりも、ITへの"慣れ"であり、その人が今使っているITツール（ITを使った仕事の道具）に初めて接した年齢に大きく依存します。
ITは年々進歩し、新しいツールがどんどん生まれています。そのため年齢が高いほどITリテラシーが低いという傾向は、いつの時代にも見られます。

ITリテラシーにより、企業は次のような問題を抱えることになります。

1 リテラシーの低い人が複雑なデータ分析をする 企業の下位層が比較的「毎日同じ仕事のくり返し」なのに対し、上位層の担当するマネジメント、経営は「毎日違う仕事」であり、データの使い方はデータ処理ではなくデータ分析となります。

ここでのデータ分析のイメージは、大まかな（マクロな）時系列データ（過去と現在を比較する）をさまざまな形に加工して（非定型）使うものです。

「非定型なデータ加工」を行うためには、「今日はどんな形にデータを加工したいか」を情報システムに伝えなくてはならず、操作が難しいものとなります。逆に操作をやさしくする（ボタン1つでできるようにする）と、ボタン1つで1通りの加工しかできず、"非定型さ"が落ちます。

一般に企業の上位層にいくほど年齢階層が上がっていく

のが普通であり、残念ながらITリテラシーは下がっていきます。つまりITリテラシーの低い上位層ほど難しい情報システムを操作して、非定型で複雑なデータ分析をしなくてはなりません。

2 下位層が非定型にデータ処理をする　企業の下位層にいくほど細かい（ミクロな）現時点のデータを、いつも同じやり方（定型）でタイムリーに処理しています。いつも同じやり方なので、ボタン1つで結果が出ます。ここでのデータ処理のテーマはスピードです。

ところがこの層は年齢が若く、ITリテラシーの高い人が多いため、非定型な分析ツールで自分流に工夫してデータを処理してしまいます。エクセルなどのパソコンソフトは典型的な非定型ツールですが、これを使うことで私のエクセル、君のエクセル……となってしまい、エクセル同士の不整合が生じ、混乱を招き、データの共有化が難しくなります。

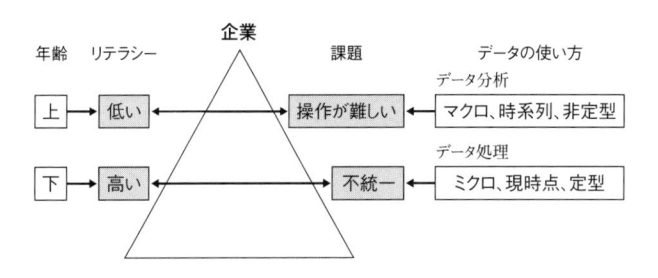

年齢	リテラシー	企業	課題	データの使い方
				データ分析
上	低い	←→	操作が難しい	マクロ、時系列、非定型
				データ処理
下	高い	←→	不統一	ミクロ、現時点、定型

10 情報システム部と情報システム委員会

学習のポイント

従来の情報システム部門（本書では情報システム部と表現する）の役割は、各現場が持っている情報化のニーズをとらえ、優先順位をつけ、これをITベンダーとともに実現していくことでした。しかし前項で述べたITリテラシーの問題点が顕在化し、これを解決するために、情報システム委員会というマトリクス組織（45ページ）を取るというスタイルが常識となりつつあります。

情報システム委員会の委員は通常のチーム（部、課など）のメンバーから、そのチームの仕事がある程度わかり、ITに興味があってITリテラシーの高い人を、現在のポジションをそのままにして指名します。情報システム委員会は階層化し、リーダーは情報システム部員が兼務します。情報システム委員長は情報システム部長、またはCIO（Chief Information Officer：情報担当役員）がなります。情報システム委員は現在のチームの上司とともに、情報システム委員会のリーダーという2人の上司を持つというマトリクス組織となります。

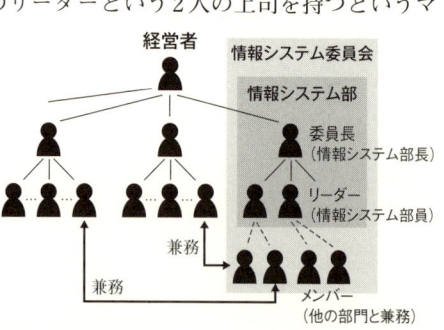

情報システム委員はそのチームで通常の仕事をやりながら、現在の情報システ

クロスオーバーその3
ヒトと情報の関係

ムの問題点、チームとしてのニーズをまとめます。さらに委員はチーム内の他のメンバー、特に上位層のITリテラシーを補います。この仕事はITを使っていて困った時にサポートするので、ヘルプデスクとよばれます。

情報システム委員会のリーダーは各チームのニーズをまとめ、優先順位をつけるとともに、組織の最上位層のITサポートを行うヘルプデスクとなります。そして下位層に対しては「表はこう作る」「ファイル名はこうつける」と情報システム委員を通してコントロールします。

情報システム委員長はITへの投資に関する責任者となります。

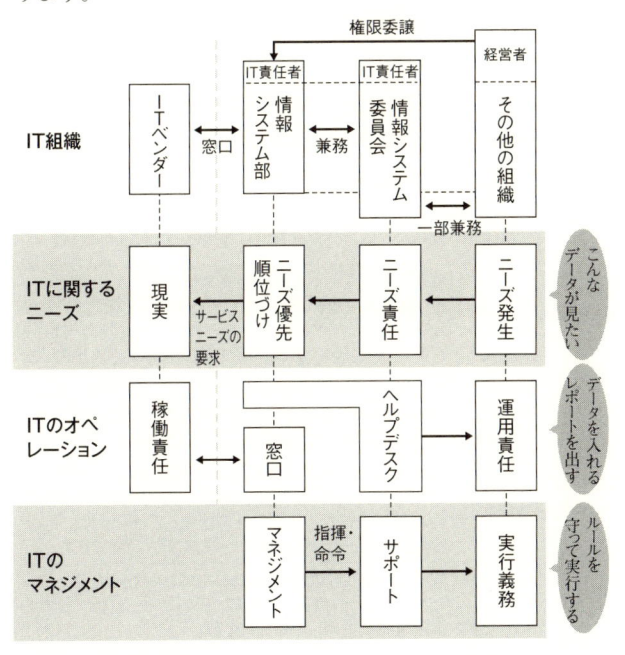

第5章 知識のクロスオーバー

11 経済学者

学習のポイント

カネとモノの関係を整理した学問が経済学といえます。経済学はビジネスの理論的バックボーンとして機能しています。そのためビジネスの世界では（特に経営においては）経済学の用語や経済学者の名前がよく出てきます。ここでは経済学者を整理してみましょう。

1 経済学を作った人たち　経済は英語のeconomyの訳で、経世済民、経国済民（世・国を治め、民を救済する）を略したものといわれています。これでわかるとおり、経済学はマクロ経済学（国について考える）として生まれ、そこからミクロ経済学（企業やマーケットについて考える）を生みました。経済学の生成過程にいたのは次のような学者たちです。

アダム・スミス	経済学の基礎を作った人。著書『国富論』で、42ページで述べた資本主義の原形を生む。自由競争を行えば「需要と供給が自然にバランスされる」ということを「神の見えざる手が働く」と表現。後にこれが市場メカニズムと表現される。
マルクス	著書『資本論』で資本主義を否定し、共産主義（その途中段階としての社会主義）の実現を提案。労働階級、ホワイトカラー、ブルーカラーといった言葉を生んだ。
ケインズ	アダム・スミスの「神の見えざる手」を否定し、不況時は政府が積極的対応を取るべきと提唱。アメリカが1929年の世界恐慌（恐慌とは最悪の経済状態のこと）に対し、ケインズ理論をニューディール政策として実施したことで有名。
フリードマン	ケインズ理論を否定し、市場に任せていくべきと提唱。アメリカのレーガン大統領、イギリスのサッチャー首相、日本の中曽根首相が採用して有名になる。

クロスオーバーその4
カネとモノの関係

こうして時系列に並べてみると、経済学者の主張は堂々巡りしているように見えます。

2 経済学と経営を結びつけた人たち ビジネスで有名な学者は、経済学と企業経営を結びつけた次のような人たちです。

シュンペーター	この人の造語「アントレプレナー」(企業家、起業家と訳される。新しい事業を起こす人)、「イノベーション」(「創造的破壊」と訳されたが、一般には「変革」という意味で使っている)はビジネスでよく使われている。
サミュエルソン	ベストセラー『経済学』の著者。現代経済学の中興の祖。過去の経済理論を体系化したことで有名。
クズネッツ	経済成長について研究した人。景気の波(188ページ)にその名を残す。
ハイエク	反ケインズ学者。経済変動と貨幣の理論で有名。
ベッカー	著書『人的資本』で労働力の見方を変えた人。働く人が持っている知識、ノウハウなどを人的資本と表現し、これを企業が教育という投資によって高めていくことで利益が得られると訴えた。
トービン	トービンのq(企業価値〈84ページ〉を企業の持っている財産で割った値。長期投資計画の指標として使われる)に名を残す。
マコービッツ	金融ポートフォリオ(財産のバランスを取ること)の提唱者。
サイモン	意思決定についての研究で有名。
ポーター	98ページ参照。
ドラッカー	多数の著書で、さまざまなキーワードを生む。「知識の時代」「知識社会」「断絶の時代」「見えざる革命」「非営利組織」「ポスト資本主義」「ネクストソサエティ」……。
ガルブレイス	『アメリカの資本主義』という著書で脚光を浴びた。近年では『日本経済への最後の警告』というベストセラーも出している。「拮抗力」(自然にパワーバランスが取れる)、「ゆたかな社会」、「テクノストラクチャー」(経営のための専門家集団)、「不確実性の時代」といったキーワードを生んだことで有名。

12 経済学のキーワード

学習のポイント

経済学の用語はビジネスで広く使われています。これらの用語を、"さらっと"とらえてみましょう。

1 マーケットに関すること

- **価格弾力性** 価格を下げると需要がどれくらい変化するかという割合のこと。弾力性は「あるモノの変化」に対する「別のモノの変化」という意味でよく使われている。例えば、ある商品の需要が別の商品の価格変化に対してどう変わるかを需要の交差弾力性、所得の変化が特定の商品の需要に与える変化割合を所得弾力性という。
- **情報の非対称性、モラルハザード** 「企業は販売する商品の情報を持っているが、消費者は買うまでその情報を持っていない」ということを「情報の非対称性」という。このような状態となった市場をレモン市場（英語のレモンには「うまくいかない」という意味がある）という。ここからモラルハザードという言葉を生んだのだが、近年では「経営者の経営倫理が欠けていること」という意味で使われている。
- **規模の経済** 規模を大きくしていくと、商品のコストダウンが図れて利益が得られることをいう。規模の利益、スケールメリットともいう。ここではメーカーが1つの商品を大量に作っていくことをイメージしているが、これに対して色々な商品を作った方がシナジー（101ページ）が生まれて、利益を得られるケースもある。これを範囲の経済

(範囲の利益ともいう) という。

2 貨幣に関すること

- **マネーサプライ** 社会への貨幣供給量。中央銀行がコントロールする。中央銀行は「銀行の銀行」（銀行にカネを貸す）という面も持つ。日本では日本銀行、アメリカではFRB（Federal Reserve Board）がこれにあたる。
- **金融政策** 国（中央銀行も含めて）が行う金融に関する政策のこと。公定歩合（日本銀行から一般銀行への貸出金の利率）の操作など。

3 貿易に関すること

- **為替レート**（為替相場ともいう） 通貨（一般に流通している貨幣）同士の交換比率（例えば円とドル）のこと。為替レートは各国の通貨同士の交換比率なので、基準となる通貨が必要。これを基軸通貨といい、現在ではドルがこれにあたる。日本では「1ドル何円か」で表現され、円高（＝ドル安、ドルに対して円の値段が上がること）、円安（＝ドル高）という。単純に考えれば円高になると輸出産業がダメージを受け（取引でもらったドルの価値が下がる）、輸入産業がメリットを受けることになる。これによる利益、損失を為替差益、為替差損という。
- **為替リスク** 為替変動によるリスク（為替差損など）を為替リスクといい、これを減らすことを為替ヘッジという。為替ヘッジにはデリバティブ（金融派生商品）がよく用いられる。例えば「6ヵ月後に1ドル100円で1000ドル売る権利をやり取りする」（65ページのオプション。これをオプション取引という）といったもの。これによって為替変動によるリスクをヘッジする。

13 景気という波

学習のポイント

景気とはそもそもは「様子」「元気」といった意味ですが、経済においては「社会全体の調子」のような意味で使っています。経済学の大きなテーマであり、企業に大きな影響を与える経営環境要因です。景気の最大の特徴は上がったり、下がったりすることで、これを景気の波、景気循環、景気サイクルなどといいます。

1 山と谷 景気は次のような波で表現され、山、谷といった言葉が使われます。

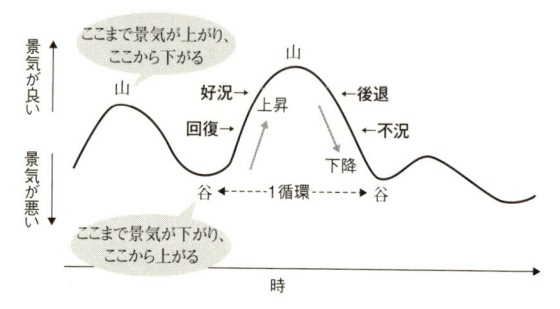

2 景気の波 経済学では、次のようないくつかの波が重なって景気が生まれると考えています。そしてこれを主張した経済学者の名前がついています。

波	サイクル	変動要因	備考
コンドラチェフの波	40〜60年	イノベーション	これを受け、アルビン・トフラーが産業革命、第2次世界大戦に続く大きな第3の波が20世紀末に来ると予言。それが情報化社会、情報革命

クロスオーバーその4
カネとモノの関係

クズネッツの波	20年	色々な説があるが、住宅の耐用年数、人口の構造変化が有力	日本が少子高齢化で下降局面になったことで注目された
ジュグラーの波	10年	設備の耐用年数	投資の波。景気の波の中心的なもので、主循環ともいわれる
キチンの波	40ヵ月	企業の在庫の増減	在庫調整、在庫循環ともいう。114ページのJITのトレンドがこの波をわかりづらくしている

3 景気動向指数（DI：Diffusion Index） 景気を考えるための指標であり、日本では内閣府が発表するものが有名です。DIは次の3つに分かれます。

タイプ	意味	対象となるもの
先行指数	景気の先行きを見る指標	在庫指数、機械受注、新規求人数、新設住宅着工床面積…
一致指数	現在の景気と一致していると思われる指標	生産量、原材料消費量、稼働率など生産に関するもの、百貨店や卸売業の販売額など流通に関するもの、所定外労働時間や有効求人倍率など労働に関するものから成る
遅行指数	景気に遅れて動く指標	法人税収入（昨年度の企業利益から計算）、完全失業率…

　先行指数は将来の景気を読むものです。一致指数の中で前の期に比べてプラスのものが50％を超えていれば景気は「上昇」、50％以下なら「下降」と現在の状況を判断します。遅行指数は先行指数の「あたりぐあい」をチェックするものといえます。

　景気は皆が上がると思えば企業は積極的に投資し、景気は上昇します。だから景気は人間の気持ちが大きく左右するものといえます。そこで「調子はどう？」（業況感という）と質問する調査も多くなされています。企業への業況感調査として有名なものが日銀短観（日本銀行が行う企業短期経済観測調査）です。

14 シミュレーションの代表「CVP分析」

学習のポイント

予算作成をはじめとする利益計画ではCVP分析（Cost-Volume-Profit）というシミュレーションシステム（140ページ）が使われます。これを171ページの予算調整の場面で考えてみます。

何度か例に挙げた飲料販売会社の例で説明しましょう。

この会社は飲料を1本80円で仕入れて100円で販売し（限界利益20円）、1ヵ月の経費（販管費）は40万円、目標利益は10万円です。

CVP分析ではまず売上と費用の関係をグラフにします（下の上図）。売上は原点から100円の傾きを持つ直線で、費用はたて軸の40万円のところから80円の傾き（1本売ると80円の売上原価が発生する）を持つ直線です。ここ

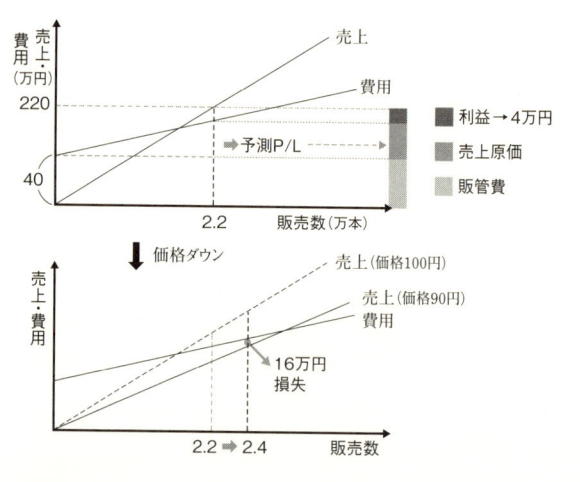

クロスオーバーその5
カネと情報の関係

で来月の販売予測が22000本なら、利益は「20円（限界利益）×2.2万本－40万円」で4万円です。「たての点線」はこの時の予測P/Lを表します。

目標利益（10万円）に達しないので、何とかしなくてはなりません。そこで販売価格を90円に下げてみます。販売数は24000本と予測しました。しかしこれでは16万円の赤字です（前ページの下図）。

そこで価格は据置きとして、プロモーションに力を入れ、費用を10万円上乗せします。販売予測は29000本です。利益が8万円となりました（下の上図）。

さらに他の会社との共同仕入で仕入価格の1円ダウンを期待します（下の下図）。

これで利益は10.9万円となり目標利益に達します。

CVP分析は代表的なシミュレーションシステムです。意思決定パラメータである価格、プロモーションなどを変えることで、評価パラメータである利益が変わっていくのがわかったでしょうか。

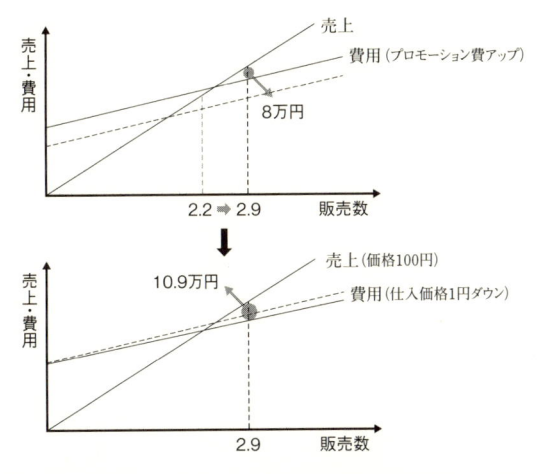

第5章　知識のクロスオーバー

15 情報の価値を算定する

学習のポイント

情報を得るにはカネ(費用)がかかります。そのため費用対効果を考えることが大切です。この効果を、カネで表したものを「情報の価値」といいます。情報の価値については次のような考え方が一般的です。

いわし専門の魚屋で考えてみましょう。魚屋はいわしの仕入を前日に行い、仕入パターンは100匹、200匹、300匹の3パターンの中から選択します。この魚屋の売れ行きは天気によって大きく異なり、天気ごとの利益が次のとおり予測されているとします。この利益には販売による利益の他、売れ残りの処分コスト、さらには「売り切れ」(欠品)の場合の機会費用(「もしいわしがあれば、もうかったはずなのに」。機会損失ともいう)も含まれています。

天気	利益		
	100匹仕入	200匹仕入	300匹仕入
晴れ	−6,000円	9,000円	24,000円
くもり	−3,000円	3,000円	6,000円
雨	9,000円	−9,000円	−18,000円

天気は晴れ、くもり、雨の3パターンで、その確率はすべて1/3とします。

- **明日の天気がわからない時**(普通はわかりません) 天気がわからないので(皆同じ確率なので)、利益の平均値(まだ結果が出ていないので期待値という)のもっとも高い仕入量とします。

クロスオーバーその5
カネと情報の関係

100匹仕入 ➡ $(-6000-3000+9000) \div 3 = 0$（円）
200匹仕入 ➡ $(9000+3000-9000) \div 3 = 1000$円
300匹仕入 ➡ $(24000+6000-18000) \div 3 = 4000$円

したがってもっとも期待値の大きい300匹仕入として、平均して利益4000円を得ることができます。

▪ **明日の天気の情報が手に入った時** 本来、明日の天気はどんなに優れた気象予報士でも100%あてることはできません。仮想的に100%正確にわかる情報のことを完全情報といいます。明日の天気の完全情報が手に入ると考え、その価値がどれくらいかを考えてみましょう。

完全情報では晴れ、くもり、雨のいずれかがわかり、その情報が手に入る確率はすべて1/3と考えます。仮に完全情報が晴れ（確率1/3）だったら、魚屋は100匹仕入、200匹仕入、300匹仕入の中から利益最大の300匹仕入を選び、24000円の利益を得るでしょう。同様に、くもりなら（確率1/3）300匹仕入で6000円、雨なら（確率1/3）100匹仕入で9000円の利益を得ます。つまり完全情報を手に入れた後の利益の期待値は $(24000+6000+9000) \div 3 = 13000$円となります。

これは完全情報を手に入れる前の期待値4000円と比較して9000円アップしています。この9000円が明日の天気という「完全情報の価値」といえます。これをEVPI（Expected Value of Perfect Information）といいます。このEVPIと完全情報を得るための費用を比較して、EVPIが大きければその情報を手に入れる価値があるといえます。ただ一般に完全情報はあまりないので、普通の情報の価値はEVPIよりも少し小さくするか、EVPIを情報の価値の最大値と考えます。

第5章 知識のクロスオーバー

16 モノを作るためのIT

学習のポイント

生産とITは密接な関係を持っています。そしてここで生まれた"ITの使い方"は、生産以外のさまざまな分野で応用されています。生産での典型的なITの使い方を整理してみましょう。

1 生産管理システム 91ページで述べたように流れ作業を実現するためには、各作業の時間を測定する必要があります。この作業時間はデータベースとして蓄積され、生産管理システムという情報システムが生まれました。

この作業時間のデータベースを使ってさまざまなことがなされていますが、その代表がLSP(Labor Scheduling Program)とABC(Activity Based Costing)です。LSPとは生産に携わる各メンバーの作業スケジュールをコンピュータで自動作成するものです。ABCは作業単位の原価を計算し、コストダウンなどに活用するものです。

2 機械との組み合わせ 生産現場では機械とITがうまく組み合わされており、次のようなキーワードを生んでいます。

- **CAD**(Computer Aided Design) 生産管理の次にITが導入されたのが設計分野であり、CADとよばれた。生産機械とコンピュータをネットワーク化し、このネットワークにデジタイザ(図面を入力する装置)、プロッタ(図面を出力する装置)などを接続することで、生産設計や製図作業支援を行うシステム。

クロスオーバーその6
モノと情報の関係

- **NC工作機械** 生産管理、CADの次にIT利用が進んだのが実際に製造する現場。この分野をCADに対しCAM（Computer Aided Manufacturing）という。NC工作機械（NCを使って加工する機械）がCAMの第一歩。NC（Numeric Control：数値制御）とは数字によって機械をコントロールするもの。「1といったら右、2といったら左……」と決めておいて、数値（1、2、……）を与えることで機械を動かしていく。
- **制御コンピュータ** 上の「1は右」という関係をコンピュータに覚えさせるもの。
- **産業用ロボット** 制御コンピュータと機械をセットにしたもの。人間の命令に従って、「手足のように動く機械」になるのでロボットと名づけられた。
- **FMS**（Flexible Manufacturing System） NC工作機械、制御コンピュータ、産業用ロボットによって工場はさまざまな品種のものを製造できるようになった。こういった柔軟性の高い生産システムをFMSという。
- **メカトロニクス** メカニズム（機械）とエレクトロニクス（電子工学のことであるがITとほぼ同じ意味と考えてよい）の造成語で、MEと略す。工場の機械とコンピュータなどのITが1つのシステムとして動くこと。
- **FA** 上記のようにIT、機械を使って工場の仕事を自動化していくことを、OA（Office Automation：事務作業の自動化）に対してFA（Factory Automation）という。

17 モノを買うためのIT

学習のポイント

売り手と買い手の注文のやり取り（受注と発注、略して受発注という）をネットワークで行うものをEOS（Electronic Ordering System）といいます。EOSは「売る」と「買う」の"手続き"が簡単になるだけでなく、買い手に大きなメリットをもたらします。それは「ギリギリまで買わない」ことで、在庫を減らすことができるからです。
EOSは次の2つの分野から生まれました。その後、さまざまなバリエーションを生んでいます。

1 組立メーカー FMSにより多品種化は限りなく進められ、ついには消費者から注文が入ってから部品調達、部品組立を行うという114ページで述べたカンバンシステム（売れる量だけ作る）を生みます。このためには組立工場を中核として、部品工場および販売店をネットワーク化する必要があります。これがEOSです。

2 流通 一方で卸売業と小売業との間の受発注でもEOSは生まれます。

誕生時の流通EOSは次のようなものです。

小売店舗の棚札（商品棚についている値札）や発注台帳にバーコードを付けておきます。発注する時は、持ち運びできる発注端末でバーコードをスキャン（「読み取る」をこう表現する）して、その発注情報をネットワークで卸売業へと送るというものです。

EOSを進化させ、徹底的に活用したのがコンビニです。「売れるモノを、売れる時に、売れる量だけ買う」と

> クロスオーバーその6
> **モノと情報の関係**

いうカンバンシステムにEOSを用いて、店舗の在庫を圧縮しました。そして圧縮した商品のところに別の商品を置くことで、品揃えの種類を10倍にまで拡大しました。

コンビニなどでは、発注端末に大きなディスプレイを付けて操作性をよくし、アルバイトなどの素人（しろうと）でも商品発注をできるようにしています。

3 EOSの進化

- **EDI**（Electronic Data Interchange）　EOSのために作ったネットワークを用いて、受発注以外のさまざまな情報が企業間でやり取りされるようになりました。納品伝票、請求書、支払明細書などの事務手続きに始まり、部品、図面、在庫、新製品、プロモーションなどさまざまな情報がネットワークでやり取りされるようになり、総合的な企業間ネットワークへと成長しました。これをEDIといいます。

- **eマーケットプレイス**　EDIはさらにインターネットの普及で、eマーケットプレイスへと進化します。EDIでは常時取引を行っている企業同士のネットワークでしたが、eマーケットプレイスはBtoBというよりも、不特定多数の売り手・買い手が集まり、取引を行う、まさにインターネットの市場です。ここでは商品の受発注だけでなく、取引先の選定、プロモーション、見積依頼、価格交渉、せり、信用調査……といったさまざまな機能を持ち、保険、物流といったサービスを提供するものもあります。

18 モノを売るためのIT

学習のポイント

モノの販売のための情報システムは、店舗販売の世界とセールスの世界の2つに分けることができます。

1 POSシステム POSとはPoint Of Salesの略で「販売時点」ということを意味するのですが、今では小売店舗における情報システムを総称しています。

基本的なPOSシステムは次のようなものです。

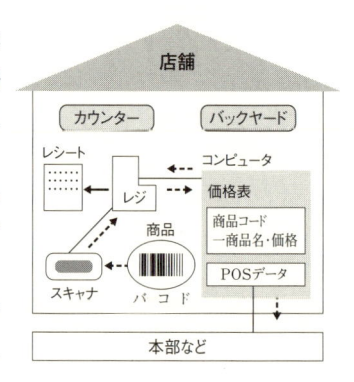

- メーカーが自社の商品にJANコードとよばれるバーコードを使って、商品コード（どんな商品かがわかるもの）を印刷しておく（これをソースマーキングという）。
- 小売側はこの商品コードに対応し、商品名、販売価格などその商品に関することをコンピュータ（ストアコンピュータ、ストアプロセッサとよばれる）に登録しておく。
- レジのキャッシャー（精算・会計する人）が、この商品のバーコードをスキャンし、ストアコンピュータに商品コードを送り、販売価格、商品名を受け、レシートとして出力し、精算する。
- スキャンされたデータはPOSデータ（スキャンデータともいう）としてデータベース化され、品揃え、在庫管理など各種店舗作業に活用する。

これを全面的に採用したコンビニの急成長によって、ソースマーキングが一気に進みました。またPOSシステムが普及することによって、システムのコストダウンが図られ、どんどん低価格になり、今やPOSシステムは小売店

舗に標準装備されるものとなりました。

この「バーコードをスキャン」というアイデアは、商品販売から各種サービス業（レンタルビデオなど）へ、そしてありとあらゆる分野で使われるようになりました。

近年ではバーコードの記憶容量を増やした2次元バーコード（線ではなく平面で記憶するもの。QRコードが有名）も普及し、カメラ付き携帯電話との組み合わせなどでさらに用途が広がっています。

一方、POSデータもやはりコンビニの本部が活用を始め、食品スーパーなどがこれに追随し、「売れ筋、死に筋」といった流行語を生むまでになりました。このPOSデータの活用は日本のデータ活用の先駆けといえます。

2 SFA（Sales Force Automation） POSシステムにはかなり後れを取りましたが、セールスの分野にもITが使われるようになっています。SFAはもともとはそのautomationでわかるとおり、受注処理や在庫確認などの合理化、自動化を狙ったものでした。しかしその後セールスそのものの効率化（効果的な顧客訪問や営業ルートの設定……）、高度化（顧客への情報提供によってセールスのレベルを上げるなど）とその範囲を広げ、今やセールス系のシステムを総称するようになりました。

SFAの特徴はセールス活動が企業外部で行われることから、モバイルコンピュータがその中心となっていることです。モバイルコンピュータの利用はガスや電力の検針、オーダーエントリー（居酒屋などでの注文取りの合理化）などデータ入力から始まりました。SFAではこれを受注端末（受注データを入力するもの）としてだけでなく、顧客へのプロモーション、価格折衝などセールス活動全般をサポートするものとして使っています。

索引

■ 数字
3S 3-2
4P 3-8

■ A
ABC 5-16
ADSL 4-9
AIDMA 3-9
ASP 4-4

■ B
B/S 2-2, 2-3
BPR 4-4
BSC 3-11

■ C
CEO 1-8
CI 1-11
CRM 3-18
CRP 3-16
CSF 3-11
CSR 1-11, 5-2
CVP分析 5-14

■ D
DC 3-14
DCF 2-16, 2-17
DI 5-13

■ E
ERP 4-4
eマーケットプレイス 5-17
eラーニング 4-12

■ F
FRB 5-12

■ H
HTML 4-11

■ I
ICチップ 4-2
IE 3-2
IPO 1-5
IR 1-11
ISM 3-13
ISO 4-17
ISP 3-13
ITリテラシー 5-9, 5-10

■ J
JIS 4-17
JIT 3-14
J-SOX法 2-12

■ L
LSP 5-16

■ M
M&A 1-9, 2-17
MBO 1-16
ME 5-16

■ N
NPO法人 1-1

■ O
OJT 4-6

■ P
P/L 2-2, 2-3, 2-8
PDA 4-2
PDCA 1-13
PDS 1-13
PL法 1-11, 4-16
POSシステム 5-18
PPM 3-10
PR 1-11

■ Q
QRコード 3-16, 5-18

■ R
RFID 4-2

■ S
SaaS 4-4
SBU 1-15
SCM 3-16
SCMラベル 3-16
SEC 1-6
SFA 5-18
SI 4-3
SLA 4-3
SNS 4-12
SWOT分析 3-11

■ T
TCP/IP 4-11
TOB 1-6

■ U
URL 4-11

■ V
VMS 3-12

■ W
WACC 2-17
Webサイト 4-11

■ あ
アウトソーシング 1-17, 4-3
青色申告 2-2
アカウンタビリティ 1-13
アカウンティング 2-1
アカウント 2-3
粗利 2-10
暗号 4-13
安全在庫 3-15
アントレプレナー 5-11
暗黙知 4-6

■ い
委員会設置会社 1-8
意思決定シミュレーション 4-8
意匠権 4-18
イノベーション 5-11
インサイダー取引 1-6
インストアマーチャンダイジング .. 3-13

■ う
請負契約 1-17
受取手形 2-5
裏書き 2-5
売上基準 2-8
売上原価 2-8
売上総利益 2-10
売掛金 2-4, 2-5
運転資本 2-15

■ え
営業キャッシュフロー 2-15
営業譲渡 1-9
営業秘密 1-6
営業利益 2-10
営利法人 1-1
エクイティファイナンス 2-7
エコ運動 1-11
エリアマーケティング 3-17

■ お
オブジェクト指向 4-2
オプション取引 5-12
親会社 1-9, 2-2

■ か
買掛金 2-5
回帰分析 4-8
解散 1-2, 2-6
会社更生法 1-4
会社分割 1-9
価格弾力性 5-12
貸倒れ 2-5
カスタマーマーケティング 3-1

索引 201

合併比率	1-9
カテゴリー	3-13
加点評価	5-7
株式移転	1-10
株式交換	1-9, 1-10, 2-7
株式時価総額	2-17
株式大量保有の5%ルール	1-6
株主資本	2-6
株主総会	1-2
株の持ち合い	1-9
為替差益	5-12
為替レート	5-12
環境アセスメント	4-16
監査法人	1-5
監査役	1-2
勘定	2-3
カンパニー制	1-15
カンバンシステム	3-14, 5-17
管理会計	2-2
管理範囲	1-12, 1-15, 5-8
関連会社	2-4

■き

機会損失	5-15
企業価値	2-17
企業間信用	2-5
規制緩和	4-16
キチンの波	5-13
規模の利益	5-12
基本ソフト	4-1, 4-3
キャッシュフロー	2-4, 2-9, 2-14
吸収合併	1-9
業況感調査	5-13
競争戦略パターン	3-6
競争地位戦略	3-6
競争マーケティング	3-1, 3-5
競争要因	3-6
金融商品取引法	1-5, 2-12

■く

クーリングオフ	4-16
クズネッツの波	5-13
クライアント／サーバーシステム	4-2
クロスドッキング	3-16

■け

経営資源	1-3, 1-13, 3-11
経営戦略	1-3
経営フロー	1-3
景気循環	5-13
景気動向指数	5-13
経済的規制	4-14, 4-16
形式知	4-6
経常利益	2-10
継続主義の原則	2-8
契約社員	1-17
経理	2-1
ゲームの理論	3-5
決算書	2-1
限界利益	5-4, 5-14
原価計算	2-9
減価償却	2-13
権限委譲	1-13
検索エンジン	4-12
源泉徴収	5-3

■こ

コアコンピタンス	1-3, 3-11
公益責任	1-11
公益法人	1-1
公開	1-5
公開買付	1-6
公開かぎ方式	4-13
公共責任	1-11
公正取引委員会	3-12
公定歩合	5-12
行動科学	1-16
購買行動分析	3-9
広報	1-11
公募増資	2-7
ゴーイングコンサーン	1-11
コーポレートガバナンス	1-2, 1-6, 1-7, 1-9, 1-10
コーポレートシチズンシップ	1-11

コーポレートブランド	1-10
子会社	1-8, 1-9, 1-10, 2-2
顧客満足度	3-3
個人情報保護法	4-15
固定資産	2-4
固定負債	2-5
コミュニティ	3-9, 4-12
雇用契約	1-17
コンティンジェンシープラン	5-6
コンドラチェフの波	5-13
コントロール	5-6
コンピテンシー	5-7
コンプライアンス	1-2, 1-14

■ さ

サーバー	4-2
サービスマーク	4-18
債権放棄	1-4
在庫削減	3-15
在庫循環	5-13
在庫調整	5-13
最小2乗法	4-8
財団法人	1-1
財務会計	2-2
財務キャッシュフロー	2-15
財務諸表	2-2
債務保証	2-5
サイレント株主	1-7
サプライチェーン	3-12, 3-16
差別化戦略	3-6
産業財産権	4-18
産業用ロボット	5-16
参入障壁	3-1

■ し

時価主義	2-6
指揮命令	1-12
事業主	1-14
事業部制	1-15
事業目的	1-10, 2-8
自己資本	2-6
自己破産	1-4

資産価値	2-13
執行役	1-8
執行役員	1-8
実パイ	3-17
実用新案権	4-18
私的整理	1-4
資本提携	1-9
シミュレーションシステム	4-8, 5-14
社会的規制	4-14, 4-16
社外取締役	1-8
ジャストインタイム	3-14
社団法人	1-1
しゃんしゃん総会	1-7
就業規則	1-17
囚人のジレンマ	3-5
ジュグラーの波	5-13
授権資本	2-7
取得原価主義	2-4
純資産	2-3, 2-6
商慣習	3-12
商圏	3-13
証券取引等監視委員会	1-6
商号	1-1, 1-10
上場	1-5
上層吸収価格戦略	3-8
商標権	4-18
商品認知	3-1
商品ミックス	3-13
商品ライフサイクル	3-10
剰余金	2-6
商流	3-13
職務発明	4-18
所得	2-2, 5-3
仕訳	2-11
新株予約権	2-7
人事評価	5-7
新設合併	1-9
信用	2-5

■ す

スタッフ	1-15
ステークホルダー	1-11, 5-2

■せ

項目	ページ
正規雇用	1-17
清算	1-2, 2-6
生産ライン	3-2
正社員	1-17
製造原価	2-9
製販同盟	3-16
税引後利益	2-10
税務会計	2-2
セキュリティ	4-13
セクシャルハラスメント	1-14
セグメンテーションマーケティング	3-17
絶対評価	5-7
ゼロサムゲーム	3-5
先願主義	4-18
専用実施権	4-18

■そ

項目	ページ
増資	2-7
相対評価	5-7
組織構造	1-15
ソリューションビジネス	4-3
損益分岐点	5-4
損金	2-2
存在責任	1-11
孫子の兵法	3-5
存続会社	1-9

■た

項目	ページ
第1種の誤り	3-4
第2種の誤り	3-4, 5-6
第三者割当増資	2-7
代表執行役	1-8
代表取締役	1-2
耐用年数	2-13
多角化戦略	3-7
建値	3-12
棚卸	2-9
多面評価	5-7
男女雇用機会均等法	1-14
担保	2-5

■ち

項目	ページ
知的財産権	4-18
チャネル	3-1, 3-12
チャレンジャー戦略	3-6
著作権	4-18

■つ

項目	ページ
通常実施権	4-18

■て

項目	ページ
定額法	2-13
定款	1-10, 2-7, 2-8
ディスカウントキャッシュフロー	2-16
ディスクローズ	1-5
抵当	2-5
テイラー	3-2
定率法	2-13
データマイニング	4-7
手形	2-5
敵対的買収	1-9
デジタルサイン	4-13
デジタル署名	4-13
デットファイナンス	2-7
デリバティブ	5-12
転換社債	2-7
電子証明書	4-13, 4-15
電子署名	4-13, 4-15
電子マネー	4-2

■と

項目	ページ
同期	3-9, 5-8
同期化	3-2
動機づけ・衛生理論	1-16
倒産	1-4
投資家	1-5
投資キャッシュフロー	2-15
動態組織	1-15
トービンのq	5-11
特殊法人	1-1
独占禁止法	3-12
特別決議	1-10
特別清算	1-4

特別損失 2-10
特許法 4-18
ドメイン 4-11
トレードシークレット 1-6

■ な
内部統制
 .... 2-12, 2-13, 4-13, 5-6
内部留保 5-2
流れ作業 3-2, 5-16
ナショナルブランド 3-8
ナレッジマネジメント 4-6

■ に
日銀短観 5-13
ニッチャー戦略 3-6
日本銀行 5-12
人間関係論 1-16

■ ね
ネットキャッシュフロー 2-15
ネット掲示板 5-8
年俸制 5-1
年末調整 5-3

■ の
能力ランキング 1-12
のれん 1-9, 2-4

■ は
パートタイム労働法 1-14
パイ 5-4
排他条件付取引 3-12
配当 1-2
ハイパフォーマー 5-7
バイヤー 3-13
パケット交換 4-11
派遣社員 1-17
破産 1-4, 2-5
パッケージソフト 4-4
バランススコアカード 3-11
範囲の利益 5-12

■ ひ
光ファイバー 4-9
ビジネスモデル 1-3, 4-12
ビジョン 1-3
非正規雇用 1-17
非同期 3-9, 5-8
標準偏差 3-15
品質管理 3-4

■ ふ
ファイアーウォール 4-13
ファイナンス 2-1
ファイブフォース 3-6
フォローアップ 3-9
フォロワー戦略 3-6
付加価値 1-3, 1-11, 5-2
複式簿記 2-12
不公正取引 3-12
物流システム 3-14
物流ネットワーク 3-14
プライベートブランド 3-8
ブラウザー 4-11
ブランドミックス 3-8
フリーキャッシュフロー 2-15
不良債権処理 2-16
フレックスタイム 5-8
ブロードバンド 4-9
ブログ 4-12
プロジェクト組織 1-15
プロダクトミックス 3-8
プロモーションミックス 3-9
不渡り 2-5
粉飾決算 2-12

■ へ
ヘルプデスク 5-10

■ ほ
法定耐用年数 2-13
法的整理 1-4
ポートフォリオ 3-10
簿記 2-11

ポジショニンググラフ 4-7
保証金 2-5
保証人 2-5
ポテンシャルパイ 3-17

■ま
マーケット開発 3-1
マーケットリーダー 3-6
マーケティングミックス.....3-8, 3-17
マーチャンダイジング 3-13
マーチャンダイジング・サイクル .3-13
マスマーケティング.....................3-17
マトリクス組織 1-15, 5-10
マネーサプライ..............................5-12

■み
ミッション......................1-3, 1-11
民事再生法 1-4

■む
無形固定資産 2-4
無方式主義 4-18

■め
メカトロニクス.............................5-16
メセナ 1-11

■も
目標管理..1-16
持株会社 1-10
モチベーション 1-16

■ゆ
優越的地位の濫用.................3-12
有価証券報告書......... 1-5, 2-2
友好的買収 1-9
ユビキタス 4-2, 4-9

■よ
予算調整 5-4, 5-14
与信...2-5
欲求5段階説 1-16

予約承継 4-18

■ら
ライセンシング 1-9
ライン 1-15, 3-13
ライン&スタッフ組織 1-15
ランチェスター戦略.................3-5

■り
リーダー戦略 3-6
リードタイム 2-5
リスク分析 5-6
立地 3-13
リテラシー 5-9
流通構造 3-12
流通在庫 3-16
流動資産 2-4
流動負債 2-5
リンク 4-11

■る
累進税率 5-3

■れ
レガシーシステム............... 4-1, 4-2
連結決算 2-2
連帯保証人 2-5

■ろ
ロイヤルティマーケティング
....3-17, 3-18
労働基準法 1-14, 1-17
労働協約 1-17
労働契約 1-17
労働者派遣 1-17
労働分配率 5-2
ロジスティックス 3-14

■わ
割当...2-7
割引率 2-16
ワンイヤールール 2-5

内山 力（うちやま・つとむ）
1955年、東京都生まれ。79年、東京工業大学理学部情報科学科卒業、日本ビジネスコンサルタント（現日立情報システムズ）入社。その後退職してビジネスコンサルタントとして独立。現在、株式会社MCシステム研究所代表取締役。中小企業診断士、システム監査技術者、特種情報処理技術者。
著書に、『「人事マネジメント」の基本』（PHPビジネス新書）、『微分・積分を知らずに経営を語るな』（PHP新書）、『会社の数字を科学する』（PHPサイエンス・ワールド新書）、『ビジュアル IT活用の基本』（日経文庫）、『マネジャーのためのケーススタディブック』（同友館）、『「数学」を使えるビジネスマンはみな幸福である』（KKベストセラーズ・ベスト新書）他多数。

PHPビジネス新書 131

「ビジネスの常識」が一冊でわかる本
これだけは押さえておきたい基礎知識＆学習術

2010年5月7日　第1版第1刷発行

著　者	内　山　　　力
発行者	安　藤　　　卓
発行所	株式会社ＰＨＰ研究所

東京本部　〒102-8331　千代田区一番町21
　　　　　ビジネス出版部 ☎03-3239-6257（編集）
　　　　　普及一部 ☎03-3239-6233（販売）
京都本部　〒601-8411　京都市南区西九条北ノ内町11
PHP INTERFACE　　http://www.php.co.jp/

装　幀	齋　藤　　　稔
編集協力	株式会社PHPエディターズ・グループ
本文組版	前田奈々（有限会社あむ）
印刷所	共同印刷株式会社
製本所	

© Tsutomu Uchiyama 2010 Printed in Japan
落丁・乱丁本の場合は弊社制作管理部（☎03-3239-6226）へご連絡下さい。
送料弊社負担にてお取り替えいたします。
ISBN978-4-569-77566-1

「PHPビジネス新書」発刊にあたって

わからないことがあったら「インターネット」で何でも一発で調べられる時代。本という形でビジネスの知識を提供することに何の意味があるのか……。その一つの答えとして「血の通った実務書」というコンセプトを提案させていただくのが本シリーズです。

経営知識やスキルといった、誰が語っても同じに思えるものでも、ビジネス界の第一線で活躍する人の語る言葉には、独特の迫力があります。そんな、**「現場を知る人が本音で語る」**知識を、ビジネスのあらゆる分野においてご提供していきたいと思っております。

本シリーズのシンボルマークは、理屈よりも実用性を重んじた古代ローマ人のイメージです。彼らが残した知識のように、本書の内容が永きにわたって皆様のビジネスのお役に立ち続けることを願っております。

二〇〇六年四月　　　　　　　　　　　　　　　　　PHP研究所